# Xvivere Con Te!

## Pregare con i salmi, con i santi e con la vita

CENTRO AMBROSIANO

A cura del Servizio per la Catechesi della Diocesi di Milano

Progetto grafico e impaginazione: Irene Sala




Via Antonio da Recanate, 1 – 20124 Milano
Tel. 02 671316.1
E-mail: libri@chiesadimilano.it
www.itl-libri.com



ISBN 978-88-6894-315-8

# LA VITA DAVANTI A DIO
## *Pregare con i salmi e con i santi*

Il libretto che hai in mano è un piccolo strumento per vivere con Gesù: ti offre l'occasione per stare con lui e lasciare che la tua vita diventi preghiera e la preghiera diventi vita.
Sarai accompagnato in particolare dai salmi e dai santi.

I **salmi** sono preghiere, raccolte in un libro della Bibbia, di uomini e donne che raccontano davanti a Dio la propria vita con tutte le sue sfaccettature e i suoi mille colori.
In queste parole di uomini, che sono Parola di Dio, trovi chi gioisce e chi piange, chi ringrazia e chi grida, chi spera e chi dispera, chi chiede aiuto e chi si affida nelle mani forti di Dio, chi vuole capire il segreto della vita e chi ricorda i prodigi di Dio. Nel Libro dei Salmi è raccolta tutta l'esperienza dell'uomo: è la vita dell'uomo davanti a Dio, la vita che diventa preghiera.

Anche i **santi** sono esperti di vita vissuta: sono uomini e donne che hanno sperimentato la gioia di seguire Gesù; la loro preghiera è diventata vita e così sono come un Vangelo illustrato che tutti possono comprendere e che rende visibile il mistero di Dio. Le loro preghiere appassionate ti regalano parole vere per esprimere i tuoi stati d'animo e per rivolgerti a Dio.

Pregando con le parole dei salmi e dei santi si accenderà in te il desiderio di vivere con lui!

## COME PREGARE

*Vivi con intensità la tua preghiera*

- Trova un posto comodo e silenzioso.
- Resta per un attimo in silenzio e raccoglimento. Può essere utile osservare il crocifisso o un'immagine di Gesù. Lasciati guardare: pregare è sempre incontrare il Signore Gesù, rivolgersi a lui, guardare e lasciarsi guardare.
- A questo punto puoi fare il segno della croce, molto lentamente.
- Prega seguendo il testo della preghiera che hai scelto.
- Concludi con un *Padre nostro* e il segno della croce.

I salmi sono preghiere molto diverse tra loro, chi prega si rivolge a Dio in modi differenti che potrai riconoscere a partire dai colori delle pagine del libretto:

**Salmi per supplicare** (lamento, richiesta di aiuto e soccorso) → **VIOLA**

**Salmi per lodare** (lode, inni, stupore davanti al creato, alle persone e a Dio) → **ARANCIONE**

**Salmi per ringraziare** (gratitudine, riconoscenza perché sono stato esaudito o perché ho ricevuto un dono) → **ROSSO**

**Salmi per capire** (riflessione sulle situazioni di vita, richiesta del dono della sapienza) → **ORO**

**Salmi per affidarsi** (confidenza in Dio, dare fiducia, mettersi nelle mani di Dio) → **AZZURRO**

**Salmi per ricordare** (memoria dei fatti storici avvenuti nella vicenda del popolo di Dio e in quella personale) → **VERDE**

## COME UTILIZZARE QUESTO LIBRETTO

### *Innanzitutto scegli un salmo da pregare*

### *Che giorno è oggi?*

Puoi andare in ordine chiedendoti: «**Che giorno è oggi?**». Vai al numero di preghiera corrispondente a quello del giorno del mese in cui ti trovi (alle pp. 6-9). Lasciati guidare dallo stato d'animo di chi prega in quel salmo e accordati con i suoi sentimenti.

### *Come mi sento oggi?*

Oppure puoi partire dalla domanda: «**Come mi sento oggi?**». Cerca la situazione di vita in cui ti ritrovi maggiormente tra quelle elencate nelle pagine seguenti (pp. 6-9) e vai al numero di preghiera corrispondente: potrai così dar voce al tuo stato d'animo per poterlo raccontare a te stesso e a Dio.

## LA VITA DIVENTA PREGHIERA

Partendo dal numero del giorno del mese in cui ti trovi o dal tuo stato d'animo, trova qual è il salmo che fa per te. Scoprirai così parole vere ed efficaci per esprimere i tuoi sentimenti e per rivolgerti a Dio.

**1** Quando cerco la felicità
***Salmo 1. Beato l'uomo che...***

**2** Quando penso di non valere nulla
***Salmo 8. Se guardo il cielo... che cos'è l'uomo?***

**3** Quando sono soddisfatto di quanto mi succede
***Salmo 15. Nelle tue mani è la mia vita***

**4** Quando mi sento smarrito e vorrei una parola che scalda il cuore
***Salmo 18. Nulla si sottrae al suo calore***

**5** Quando sono triste e mi sento solo
***Salmo 21. Non stare lontano da me***

**6** Quando ti sento vicino o ti voglio vicino
***Salmo 22. Tu sei con me***

**7** 7. Quando voglio una vita giusta
***Salmo 23. Chi potrà stare nel suo luogo santo?***

**8** Quando voglio conoscere meglio Dio
***Salmo 26. «Cercate il mio volto!»***

**19** Quando desidero esserti fedele
***Salmo 118. Corro sulla via dei tuoi comandi***

**20** Quando sono attirato dal bene (o quando sono attirato dal male ma non voglio cedere)
***Salmo 118. Come potrà un giovane tenere pura la sua via?***

**21** Quando sono timoroso
***Salmo 120. Il Signore è il tuo custode***

**22** Quando penso ai miei amici
***Salmo 121. Per i miei amici chiederò il bene***

**23** Quando ho qualche progetto
***Salmo 126. Invano si affaticano...***

**24** Quando ho bisogno di alzare lo sguardo
***Salmo 129. Dal profondo a te grido***

**25** Quando devo restare umile
***Salmo 130. Non si esalta il mio cuore***

**26** Quando sono contento delle mie amicizie
***Salmo 132. Com'è bello che i fratelli vivano insieme***

27 Quando voglio imparare a riconoscere l'azione di Dio nella mia storia
***Salmo 135. Il suo amore è per sempre***

28 Quando mi guardo allo specchio
***Salmo 138. Tu mi scruti e mi conosci***

29 Quando mi sento fragile
***Salmo 143. Abbassa il tuo cielo e discendi***

30 Quando tutto canta di gioia
***Salmo 148. Lodino il nome del Signore***

31 Quando penso alla mia comunità
***Salmo 149. La sua lode nell'assemblea dei fedeli***

## LA PREGHIERA DIVENTA VITA

Come sta andando la tua giornata? Cerca nell'elenco a p. 99 la situazione che stai vivendo e compi l'azione che ti viene suggerita, per tradurre la preghiera in vita!

1

SALMI PER CAPIRE

# Beato l'uomo che...

Dov'è la felicità? Questa è la domanda che attraversa questo salmo. La risposta è chiara: chi fa il bene e accorda i suoi desideri a quelli di Dio trova la felicità.

**Ingresso in preghiera**

Lampada per i miei passi è la tua parola.
– luce sul mio cammino.

## Salmo 1

Beato l'uomo che non entra nel consiglio dei malvagi,
non resta nella via dei peccatori
e non siede in compagnia degli arroganti,
ma nella legge del Signore trova la sua gioia,
la sua legge medita giorno e notte.

È come albero piantato lungo corsi d'acqua,
che dà frutto a suo tempo:
le sue foglie non appassiscono
e tutto quello che fa, riesce bene.

Non così, non così i malvagi,
ma come pula* che il vento disperde;
perciò non si alzeranno i malvagi nel giudizio
né i peccatori nell'assemblea dei giusti,

poiché il Signore veglia sul cammino dei giusti*,
mentre la via dei malvagi va in rovina.

**Pula:** è lo scarto del grano, un pulviscolo che si ricava battendo le spighe per far uscire il seme.

**Giusti:** sono coloro che amano Dio e compiono il bene.

**Risonanza**
Fermati un istante e cerca la frase del salmo che senti più tua. Rileggila e gustala.

## *Preghiera dei santi*

Guidami Tu, Luce gentile,
attraverso il buio che mi circonda,
sii Tu a condurmi!
La notte è oscura e sono lontano da casa,
sii Tu a condurmi!
Sostieni i miei piedi vacillanti:
io non chiedo di vedere
ciò che mi attende all'orizzonte,
un passo solo mi sarà sufficiente.
Non mi sono mai sentito come mi sento ora,
né ho pregato che fossi Tu a condurmi.
Amavo scegliere e scrutare il mio cammino;
ma ora sii Tu a condurmi!
Amavo il giorno abbagliante, e malgrado la paura,
il mio cuore era schiavo dell'orgoglio;
non ricordare gli anni ormai passati.
Così a lungo la tua forza mi ha benedetto,
e certo mi condurrà ancora,
landa dopo landa, palude dopo palude,
oltre rupi e torrenti, finché la notte scemerà;
e con l'apparire del mattino
rivedrò il sorriso di quei volti angelici
che da tanto tempo amo
e per poco avevo perduto.
(beato J.H. Newman)

**John Henry Newman** fu un sacerdote e cardinale inglese, morto nel 1890. Appassionato ricercatore della verità, difese con i suoi scritti la fede cristiana da molte accuse. La Chiesa lo venera come beato.

## Preghiamo in libertà

Signore, ti ringrazio per...
Signore, ti chiedo perdono per...
Signore, ti prego per...

***LA PREGHIERA DIVENTA VITA***
Ripensa alla tua giornata e alle cose successe
e prova a far diventare la tua preghiera vita.

pp. 99-104

Di fronte a un cielo stellato, così bello e grandioso, che cos'è l'uomo?
Una piccolissima creatura, eppure Dio lo ama immensamente.

# Se guardo il cielo... che cos'è l'uomo?

**Ingresso in preghiera**
Benedirò il Signore in ogni tempo,
– sulla mia bocca sempre la sua lode.

## *Salmo 8*

O Signore, Signore nostro,
quanto è mirabile il tuo nome su tutta la terra!

Voglio innalzare sopra i cieli la tua magnificenza*,
con la bocca di bambini e di lattanti:
hai posto una difesa contro i tuoi avversari,
per ridurre al silenzio nemici e ribelli.

**Magnificenza:** è la bellezza e la grandezza di Dio che si manifesta nel creato.

Quando vedo i tuoi cieli, opera delle tue dita,
la luna e le stelle che tu hai fissato,
che cosa è mai l'uomo perché di lui ti ricordi,
il figlio dell'uomo, perché te ne curi?

Davvero l'hai fatto poco meno di un dio*,
di gloria e di onore lo hai coronato.

**Poco meno di un dio:** l'uomo è il più grande tra tutte le creature, perché Dio si ricorda di lui e se ne prende cura.

**Potere:** Dio si fida dell'uomo e gli chiede di collaborare con lui.

Gli hai dato potere* sulle opere delle tue mani,
tutto hai posto sotto i suoi piedi:
tutte le greggi e gli armenti
e anche le bestie della campagna,
gli uccelli del cielo e i pesci del mare,
ogni essere che percorre le vie dei mari.

O Signore, Signore nostro,
quanto è mirabile il tuo nome su tutta la terra!

## Preghiamo in libertà

*Prova a "riscrivere" il salmo: rileggi queste righe e aggiungi a voce le tue parole.*

Davvero hai fatto l'uomo poco meno di...,
di... lo hai coronato.
O Signore, Signore nostro,
quanto è... il tuo nome su tutta la terra!

## Preghiera dei santi

Tu ci sei necessario,
o fratello di tutti gli uomini,
per ritrovare le ragioni vere
della fraternità fra gli uomini,
i fondamenti della giustizia,
i tesori della carità,
il bene sommo della pace.
Tu ci sei necessario,
tu che sai bene che cosa significa soffrire
per conoscere il senso della sofferenza

e per dare a essa
un valore di salvezza.
Tu ci sei necessario,
o Cristo, o Signore, o Dio con noi,
per imparare l'amore vero
e per camminare nella gioia
fino all'incontro finale
con te amato,
con te atteso,
con te benedetto nei secoli.
(san Paolo VI)

G.B. Montini fu vescovo di Milano. Diventato Papa, scelse il nome di **Paolo VI** e guidò la Chiesa durante il Concilio Vaticano II. Uomo di profonda fede, morì nel 1978. La Chiesa lo venera come santo.

## Preghiamo per tutti

Per tutti coloro che si fidano di me: **Padre nostro**
Per coloro che sono sfiduciati nella vita: **Ave Maria**
Per ringraziare il Signore che ci ama immensamente: **Gloria**

***LA PREGHIERA DIVENTA VITA***
Ripensa alla tua giornata e alle cose successe
e prova a far diventare la tua preghiera vita.

pp. 99-104

# 3

SALMI PER AFFIDARSI

# Nelle tue mani è la mia vita

*Questo salmo è la preghiera di un uomo che considera una grande fortuna l'aver conosciuto Dio. Cammina nella gioia perché è certo della presenza di Dio al suo fianco: il Signore gli indica la via della vita.*

**Ingresso in preghiera**

L'anima mia attende il Signore:
– egli è mio aiuto e mio scudo.

## Salmo 15

Proteggimi, o Dio: in te mi rifugio.
Ho detto al Signore: «Il mio Signore sei tu,
solo in te è il mio bene».

Agli idoli del paese,
agli dèi potenti* andava tutto il mio favore.
Moltiplicano le loro pene
quelli che corrono dietro a un dio straniero.
Io non spanderò le loro libagioni di sangue*,
né pronuncerò con le mie labbra i loro nomi.

**Dèi potenti:** i popoli dei paesi vicino a Israele credevano in molte divinità.

Il Signore è mia parte di eredità e mio calice:
nelle tue mani è la mia vita.
Per me la sorte è caduta su luoghi deliziosi:
la mia eredità è stupenda.

**Libagioni di sangue:** il salmista dichiara di non voler partecipare ai riti dedicati a queste divinità.

Benedico il Signore che mi ha dato consiglio;
anche di notte il mio animo mi istruisce.
Io pongo sempre davanti a me il Signore,
sta alla mia destra, non potrò vacillare.

Per questo gioisce il mio cuore
ed esulta la mia anima;
anche il mio corpo riposa al sicuro,
perché non abbandonerai la mia vita negli inferi*,
né lascerai che il tuo fedele veda la fossa.

Mi indicherai il sentiero della vita,
gioia piena alla tua presenza,
dolcezza senza fine alla tua destra.

**Inferi:** da non confondere con l'inferno; secondo gli ebrei il regno dei morti era collocato in una grande caverna sotterranea dove finivano tutti i defunti.

**Risonanza**
Fermati un istante e cerca la frase del salmo che senti più tua. Rileggila e gustala.

## Preghiera dei santi

Prendi, o Signore, e accetta
tutta la mia libertà, la mia memoria,
la mia intelligenza, la mia volontà,
tutto quello che ho e possiedo.
Tu me lo hai dato;
a te, Signore, lo ridono.
Tutto è tuo:
di tutto disponi,
secondo la tua piena volontà.
Dammi solo il tuo amore e la tua grazia,
e questo solo mi basta!
(sant'Ignazio di Loyola)

**Ignazio di Loyola,** militare spagnolo, durante una malattia conobbe il Signore e lo servì per tutta la vita aiutando i battezzati a scoprire il disegno di Dio su di loro. Morì nel 1556 e la Chiesa lo venera come santo.

## Preghiamo in libertà

Signore, ti ringrazio per...
Signore, ti chiedo perdono per...
Signore, ti prego per...

***LA PREGHIERA DIVENTA VITA***
Ripensa alla tua giornata e alle cose successe e prova a far diventare la tua preghiera vita.

pp. 99-104

Come il sole che riscalda, così è il Signore:
nulla si sottrae al suo calore.
La creazione racconta la grandezza di Dio
a tutti gli uomini.

4

# Nulla si sottrae al suo calore

**Ingresso in preghiera**

La parola del Signore è perfetta,
– rende saggio il semplice.

## Salmo 18

I cieli narrano la gloria di Dio,
l'opera delle sue mani annuncia il firmamento*.
Il giorno al giorno ne affida il racconto
e la notte alla notte ne trasmette notizia.

Senza linguaggio, senza parole,
senza che si oda la loro voce,
per tutta la terra si diffonde il loro annuncio
e ai confini del mondo il loro messaggio.

Là pose una tenda per il sole
che esce come sposo dalla stanza nuziale:
esulta come un prode che percorre la via.

Sorge da un estremo del cielo
e la sua orbita raggiunge l'altro estremo:
nulla si sottrae al suo calore.

**Firmamento:** è la volta celeste, immaginata dagli ebrei come una lastra di cristallo alla quale erano appesi le stelle, la luna e il sole, e sopra la quale c'era un oceano che dava il colore azzurro al cielo.

**Risonanza**
Fermati un istante e cerca la frase del salmo che senti più tua. Rileggila e gustala.

## Preghiera dei santi

Signore, tu mi hai chiamata ed io sono venuta.
Sei sempre stato capace di consolarmi e di aiutarmi.
Tu sei il solo vero amico
a cui sempre mi sono affidata,
tu che sempre mi hai amata
e che io ho sempre amato.
Tu mi aiuti nelle mie scelte.
Tu sei il Dio che mi fa vivere.
Tu sei Gesù Cristo,
colui che sa guidare gli uomini.
Tu mi hai accolto fin dal giorno della mia nascita,
io sono cresciuta e ti ho seguito,
anche se qualche volta mi sono perduta.
Oggi contemplo il cammino attraverso il quale
tu mi hai fatto scoprire la fede.
Tu mi hai aiutato a rimettermi in questione.
Tu mi fai vivere una vita piena di gioia.
Tu sei il Dio che mi aiuta a riflettere.
Signore, tu sei il Dio della mia vita.
(santa Caterina Da Siena)

**Caterina**, ragazza semplice e senza istruzione, era una suora domenicana. Innamorata del Signore, riuscì a toccare il cuore di tante persone potenti e nobili e riuscì a convincere il Papa a tornare a Roma dopo 70 anni di permanenza in Francia. Morì nel 1380.

## Preghiamo in libertà

Signore, ti ringrazio per...
Signore, ti chiedo perdono per...
Signore, ti prego per...

***LA PREGHIERA DIVENTA VITA***

Ripensa alla tua giornata e alle cose successe e prova a far diventare la tua preghiera vita.

pp. 99-104

# 5

SALMI PER SUPPLICARE

# Non stare lontano da me

È un salmo che possono pronunciare tutti quelli che si sentono abbandonati nella sofferenza: anche Gesù sulla croce pronuncia le prime parole di questo salmo. È un salmo che inizia nel dolore, ma che pian piano si apre alla fiducia in Dio che salva. Certo non può lasciarci soli.

**Ingresso in preghiera**

Sorgi, Signore,
– salvami, mio Dio.

## Salmo 21

Dio mio, Dio mio, perché mi hai abbandonato?
Lontane dalla mia salvezza le parole del mio grido!
Mio Dio, grido di giorno e non rispondi;
di notte, e non c'è tregua per me.

Eppure tu sei il Santo,
tu siedi in trono fra le lodi d'Israele.
In te confidarono i nostri padri,
confidarono e tu li liberasti;
a te gridarono e furono salvati,
in te confidarono e non rimasero delusi.

Ma io sono un verme e non un uomo*,
rifiuto degli uomini, disprezzato dalla gente.
Si fanno beffe di me quelli che mi vedono,
storcono le labbra, scuotono il capo:
«Si rivolga al Signore; lui lo liberi,
lo porti in salvo, se davvero lo ama!».

**Verme non uomo:** chi scrive sente di non valere nulla perché è deriso e disprezzato.

Sei proprio tu che mi hai tratto dal grembo,
mi hai affidato al seno di mia madre.
Al mio nascere, a te fui consegnato;
dal grembo di mia madre sei tu il mio Dio.

Non stare lontano da me,
perché l'angoscia è vicina e non c'è chi mi aiuti.
Posso contare tutte le mie ossa.

Essi stanno a guardare e mi osservano:
si dividono le mie vesti,
sulla mia tunica gettano la sorte.
Ma tu, Signore, non stare lontano,
mia forza, vieni presto in mio aiuto.

Annuncerò il tuo nome ai miei fratelli,
ti loderò in mezzo all'assemblea.
Lodate il Signore, voi suoi fedeli,
gli dia gloria tutta la discendenza di Giacobbe,
lo tema tutta la discendenza d'Israele;
perché egli non ha disprezzato
né disdegnato l'afflizione del povero,
il proprio volto non gli ha nascosto*
ma ha ascoltato il suo grido di aiuto.

Da te la mia lode nella grande assemblea;
scioglierò i miei voti davanti ai suoi fedeli.
I poveri mangeranno e saranno saziati,
loderanno il Signore quanti lo cercano;
il vostro cuore viva per sempre!

**Il proprio volto non gli ha nascosto:** in realtà, Dio non dimentica i suoi figli e non resta lontano da chi soffre.

**La parola di Gesù** (Lc 23,44-46)
*Era già verso mezzogiorno e si fece buio su tutta la terra fino alle tre del pomeriggio, perché il sole si era eclissato. Il velo del tempio si squarciò a metà. Gesù, gridando a gran voce, disse: «Padre, nelle tue mani consegno il mio spirito». Detto questo, spirò.*

**Per riflettere**
Quel giorno, buio e luce, dolore e fiducia, si affrontano e combattono. Gesù nel momento drammatico della croce prega e ama. Così annuncia a tutti che la vita è più forte della morte e l'amore è più tenace dell'odio. Guarda la croce e impara a credere nella luce.

## Preghiamo per tutti

Tu che sei passato attraverso la sofferenza e la morte
e ora vieni in soccorso di quanti sono nella prova,
**dona a tutti i credenti la speranza che sostiene nella fatica.**

Sii vicino a quanti vivono situazioni di difficoltà e di sofferenza:
**il tuo aiuto li sostenga e li accompagni.**

Per quanti oggi hanno lasciato questa vita:
**accogli tutti nel tuo regno, secondo la tua promessa.**

***LA PREGHIERA DIVENTA VITA***
Ripensa alla tua giornata e alle cose successe
e prova a far diventare la tua preghiera vita.
pp. 99-104

# 6 Tu sei con me

Il Signore è come un pastore che guida il suo gregge e come un amico che ci invita a un pranzo delizioso. Questo salmo ci fa sentire Dio vicino e ci aiuta ad affidarci a lui.

**Ingresso in preghiera**
Proteggimi, o Dio,
– in te mi rifugio.

## Salmo 22

Il Signore è il mio pastore:
non manco di nulla.
Su pascoli erbosi mi fa riposare,
ad acque tranquille mi conduce.

Rinfranca l'anima mia*,
mi guida per il giusto cammino
a motivo del suo nome.

Anche se vado per una valle oscura,
non temo alcun male, perché tu sei con me.
Il tuo bastone e il tuo vincastro*
mi danno sicurezza.

Davanti a me tu prepari una mensa
sotto gli occhi dei miei nemici.
Ungi di olio il mio capo;
il mio calice trabocca.

**Rinfranca l'anima mia:** mi rende forte e saldo, mi conferma.

**Vincastro:** è il ramo utilizzato dal pastore per guidare il gregge e per allontanare gli animali pericolosi.

Sì, bontà e fedeltà mi saranno compagne
tutti i giorni della mia vita,
abiterò ancora nella casa del Signore
per lunghi giorni.

## Preghiamo in libertà

*Prova a "riscrivere" il salmo: rileggi queste righe e aggiungi a voce le tue parole.*

Il Signore è il mio pastore: non...
Anche se vado per una valle oscura,
non temo alcun male, perché...

## Preghiera dei santi

Padre mio,
io mi abbandono a te,
fa' di me ciò che ti piace
qualunque cosa tu faccia di me
ti ringrazio.
Sono pronto a tutto,
accetto tutto,
purché la tua volontà si compia in me
e in tutte le tue creature;
non desidero altro, mio Dio.
rimetto la mia anima nelle tue mani;
te la dono, mio Dio,
con tutto l'amore del mio cuore
perché ti amo.

**Charles**, giovane e brillante militare francese, fu affascinato dalla figura di Gesù, che volle seguire vivendo prima a Nàzaret e poi nel deserto del Sahara in totale solitudine. Fu ucciso durante una rapina nel 1916 ed è venerato come beato dalla Chiesa.

Ed è per me un'esigenza d'amore
il donarmi,
il rimettermi nelle tue mani senza misura,
con una confidenza infinita,
poiché tu sei il Padre mio.
(beato Charles de Foucauld)

## Preghiamo per tutti

Per tutti i miei amici e familiari: **Padre nostro**
Penso a una persona in difficoltà e la affido a Maria: **Ave Maria**
Per ringraziare il Signore della sua presenza: **Gloria**
Per tutti coloro che sono morti: **L'eterno riposo**

***LA PREGHIERA DIVENTA VITA***
Ripensa alla tua giornata e alle cose successe
e prova a far diventare la tua preghiera vita.

pp. 99-104

7

SALMI PER CAPIRE

# Chi potrà stare nel suo luogo santo?

La benedizione è per il giusto, cioè per colui che vive rettamente la sua vita e che spalanca al Signore le porte del cuore.

### Ingresso in preghiera

Come potrà un giovane tenere pura la sua via?
– osservando la tua parola.

## Salmo 23

Del Signore è la terra e quanto contiene:
il mondo, con i suoi abitanti.
È lui che l'ha fondato sui mari
e sui fiumi l'ha stabilito.

Chi potrà salire il monte del Signore?
Chi potrà stare nel suo luogo santo?
Chi ha mani innocenti e cuore puro,
chi non si rivolge agli idoli,
chi non giura con inganno.

Egli otterrà benedizione dal Signore,
giustizia da Dio sua salvezza.
Ecco la generazione che lo cerca,
che cerca il tuo volto, Dio di Giacobbe.

**Alzate la vostra fronte:** è la parte superiore della porta.

**Alzatevi, soglie antiche:** le porte della città sono considerate troppo basse e strette per la grandezza di Dio che deve entrare come re vittorioso. Per questo sono invitate ad allargarsi.

Alzate, o porte, la vostra fronte*,
alzatevi, soglie antiche*,
ed entri il re della gloria.
Chi è questo re della gloria?
Il Signore forte e valoroso,
il Signore valoroso in battaglia.

Alzate, o porte, la vostra fronte,
alzatevi, soglie antiche,
ed entri il re della gloria.
Chi è mai questo re della gloria?
Il Signore degli eserciti è il re della gloria.

**La parola di Gesù** (Mc 11,7-9.11)

*Portarono il puledro da Gesù, vi gettarono sopra i loro mantelli ed egli vi salì sopra. Molti stendevano i propri mantelli sulla strada, altri invece delle fronde, tagliate nei campi. Quelli che precedevano e quelli che seguivano, gridavano: «Osanna! Benedetto colui che viene nel nome del Signore!». Ed entrò a Gerusalemme, nel tempio.*

### Per riflettere

Gesù entra in Gerusalemme a dorso di un puledro. Avrà forse pensato a quel salmo imparato da bambino. È lui, mite e umile di cuore, che realizza il desiderio di un re della gloria che porta la pace. Ma io come immagino la mia gloria, ciò che mi darà fama?

## Preghiamo per tutti

Entra nella nostra vita, Signore Gesù:
**riempila della tua presenza e della tua gioia.**

Fa' che tutti coloro che cercano il tuo volto con cuore sincero
**ti possano scoprire vicino.**

Fa' che anche oggi ti sappiamo cercare e accogliere
**per essere da te sostenuti e benedetti.**

***LA PREGHIERA DIVENTA VITA***
Ripensa alla tua giornata e alle cose successe
e prova a far diventare la tua preghiera vita.

pp. 99-104

Il salmista riconosce che Dio è sua luce e sua salvezza. Allora decide di impegnarsi nella ricerca del Signore nel suo quotidiano.

8

# «Cercate il mio volto!»

**Ingresso in preghiera**

Renderò grazie al Signore con tutto il cuore,
– annuncerò tutte le tue meraviglie.

## Salmo 26

Il Signore è mia luce e mia salvezza:
di chi avrò timore?
Il Signore è difesa della mia vita:
di chi avrò paura?

Quando mi assalgono i malvagi
per divorarmi la carne,
sono essi, avversari e nemici,
a inciampare e cadere.

Se contro di me si accampa un esercito*,
il mio cuore non teme;
se contro di me si scatena una guerra,
anche allora ho fiducia.

**Si accampa un esercito:** è l'immagine di un assedio intorno a colui che prega.

Nella sua dimora mi offre riparo
nel giorno della sventura.
Mi nasconde nel segreto della sua tenda,
sopra una roccia mi innalza.

Ascolta, Signore, la mia voce.
Io grido: abbi pietà di me, rispondimi!
Il mio cuore ripete il tuo invito:
«Cercate il mio volto!».
Il tuo volto, Signore, io cerco*.
Non nascondermi il tuo volto,
non respingere con ira il tuo servo.

**Il tuo volto io cerco:** è la ricerca della presenza di Dio e dell'attenzione nei miei confronti.

Sei tu il mio aiuto, non lasciarmi,
non abbandonarmi, Dio della mia salvezza.
Mostrami, Signore, la tua via,
guidami sul retto cammino,
perché mi tendono insidie.

Sono certo di contemplare la bontà del Signore
nella terra dei viventi.
Spera nel Signore, sii forte,
si rinsaldi il tuo cuore e spera nel Signore.

## Preghiamo in libertà

*Prova a "riscrivere" il salmo: rileggi queste righe e aggiungi a voce le tue parole.*

Se contro di me..., il mio cuore non teme;

se contro di me si scatena una guerra, anche allora...

Nella sua dimora mi offre riparo...

Mi nasconde..., sopra una roccia mi innalza.

## Preghiera dei santi

Anima mia, abbandona per un momento le tue occupazioni,
nasconditi un poco ai tuoi tumultuosi pensieri.
Per un po' dedicati a Dio e riposati in lui.

Entra nella camera del tuo spirito, escludi da essa tutto,
all'infuori di Dio e, chiusa la porta, cercalo.
O mio cuore, di' ora a Dio:
«Io cerco il tuo volto; il tuo volto,
o Signore, io cerco».
Orsù, dunque, o Signore Dio mio,
insegna al mio cuore dove e come possa cercarti
e dove e come possa trovarti.
O Signore, tu sei il mio Dio e sei il mio Signore
e non ti ho mai visto.
Tu mi hai creato e ricreato
e mi hai dato tutti i miei beni
e io ancora non ti conosco.
In breve: sono stato fatto per vederti
e non ho ancora fatto ciò per cui sono stato fatto.
(sant'Anselmo d'Aosta)

**Anselmo** nacque ad Aosta nell'XI secolo. La ricerca della sua vocazione lo portò fino in Inghilterra, dove diventò prima monaco e poi vescovo. La Chiesa lo venera come dottore, perché con la sua intelligenza, illuminata dalla fede, ha saputo indagare e approfondire molto la conoscenza del mistero di Dio.

## Preghiamo per tutti

Tu, che prometti un riparo a quanti si affidano a te,
**guida i nostri passi sulle vie che ci conducono alla tua casa.**

Insegnaci a riconoscere quanto tu compi per noi
**perché possiamo ringraziarti ogni giorno.**

Fa' che quanti ti cercano con cuore sincero
**abbiano la gioia di incontrarti e di sperimentare la tua salvezza.**

***LA PREGHIERA DIVENTA VITA***
Ripensa alla tua giornata e alle cose successe
e prova a far diventare la tua preghiera vita.

pp. 99-104

SALMI PER LODARE

# Alla tua luce vediamo la luce

Il salmista riconosce l'amore di Dio e prova a descriverlo con alcune immagini: come le ali di un'aquila che veglia sui suoi passi e come una luce che rende più chiaro il cammino.

**Ingresso in preghiera**

Signore, apri le mie labbra
– e la mia bocca proclami la tua lode.

## Salmo 35

Quanto è prezioso il tuo amore, o Dio!
Si rifugiano gli uomini all'ombra delle tue ali*,
si saziano dell'abbondanza della tua casa:
tu li disseti al torrente delle tue delizie.

È in te la sorgente della vita,
alla tua luce vediamo la luce.
Riversa il tuo amore su chi ti riconosce,
la tua giustizia sui retti di cuore.

Non mi raggiunga il piede dei superbi
e non mi scacci la mano dei malvagi.
Ecco, sono caduti i malfattori:
abbattuti, non possono rialzarsi.

**All'ombra delle tue ali:** ricorda le ali degli angeli che stavano sopra il coperchio dell'arca dell'alleanza e che evocano l'idea della protezione di Dio.

**Risonanza**
Fermati un istante e cerca la frase del salmo che senti più tua. Rileggila e gustala.

## Preghiera dei santi

Padre buono, ti prego, dammi un'intelligenza
che ti comprenda,
un animo che ti gusti,
una pensosità che ti cerchi,
una sapienza che ti trovi,
uno spirito che ti conosca,
un cuore che ti ami,
un pensiero che sia rivolto a te,
degli occhi che ti guardino,
una parola che ti piaccia,
una pazienza che ti segua,
un perseveranza che ti aspetti.
Dammi, ti prego, la tua santa presenza,
la risurrezione, la ricompensa e la vita eterna.
(san Benedetto da Norcia)

**Benedetto**, desideroso di conoscere e seguire il Signore, cominciò una vita in solitudine, per poi radunare intorno a sé dei compagni, con cui fondò un monastero. La Regola che diede ai suoi monaci ebbe così fortuna che è considerato il padre del monachesimo d'Occidente. È morto nel VI secolo.

## Preghiamo in libertà

Signore, ti ringrazio per...
Signore, ti chiedo perdono per...
Signore, ti prego per...

***LA PREGHIERA DIVENTA VITA***
Ripensa alla tua giornata e alle cose successe
e prova a far diventare la tua preghiera vita.

pp. 99-104

# 10

# Ecco, io vengo!

Il salmista riconosce che Dio è sua luce e sua salvezza. Allora decide di impegnarsi nella ricerca del Signore nel suo quotidiano.

**Ingresso in preghiera**

Ti siano gradite le parole della mia bocca,
– davanti a te i pensieri del mio cuore.

## Salmo 39

Ho sperato, ho sperato nel Signore,
ed egli su di me si è chinato,
ha dato ascolto al mio grido.
Mi ha tratto da un pozzo di acque tumultuose,
dal fango della palude;
ha stabilito i miei piedi sulla roccia,
ha reso sicuri i miei passi.
Mi ha messo sulla bocca un canto nuovo,
una lode al nostro Dio.

Molti vedranno e avranno timore
e confideranno nel Signore.
Beato l'uomo che ha posto la sua fiducia nel Signore
e non si volge verso chi segue gli idoli
né verso chi segue la menzogna.

Quante meraviglie hai fatto,
tu, Signore, mio Dio,
quanti progetti in nostro favore:

**Olocausto né sacrificio:** sono riti nei quali venivano sacrificati animali in onore di Dio per manifestare il desiderio e il ringraziamento per la sua alleanza con noi.

nessuno a te si può paragonare!
Se li voglio annunciare e proclamare,
sono troppi per essere contati.

Sacrificio e offerta non gradisci,
gli orecchi mi hai aperto,
non hai chiesto olocausto né sacrificio* per il peccato.
Allora ho detto: «Ecco, io vengo.
Nel rotolo del libro su di me è scritto
di fare la tua volontà:
mio Dio, questo io desidero;
la tua legge è nel mio intimo».

**La parola di Gesù** (Gv 12,27-28)

*Gesù disse ai suoi discepoli: «Adesso l'anima mia è turbata; che cosa dirò? Padre, salvami da quest'ora? Ma proprio per questo sono giunto a quest'ora! Padre, glorifica il tuo nome». Venne allora una voce dal cielo: «L'ho glorificato e lo glorificherò ancora!».*

**Per riflettere**

Anche Gesù ha gridato a Dio nei momenti più drammatici della sua vita, quando sentiva attorno a sé l'odio dei suoi nemici. Ma non è scappato, anzi ha rinnovato il suo «*Eccomi!*» offrendo se stesso. E io, di fronte alle difficoltà, scappo oppure cerco in Dio la mia sicurezza?

## *Preghiamo per tutti*

Scrivi la tua legge nei nostri cuori, Signore,
**perché sappiamo sempre seguire con gioia la via dei tuoi precetti.**

Rendici capaci di riconoscere i tuoi doni,
**e il nostro "grazie" salga fino a te, Signore.**

Donaci, Signore, la speranza
**perché non ci scoraggiamo di fronte alle difficoltà della nostra vita.**

***LA PREGHIERA DIVENTA VITA***
Ripensa alla tua giornata e alle cose successe e prova a far diventare la tua preghiera vita.

pp. 99-104

# 11

SALMI PER SUPPLICARE

# Rendimi la gioia di essere salvato

*Questo salmo è attribuito a Davide, quando venne da lui il profeta Natan, dopo che aveva peccato con Betsabea, moglie di Uria. È il canto sofferto di ogni peccatore pentito che riconosce la misericordia di Dio.*

**Ingresso in preghiera**
Dal profondo a te grido, Signore;
– Signore, ascolta la mia voce.

## Salmo 50

Pietà di me, o Dio, nel tuo amore;
nella tua grande misericordia
cancella la mia iniquità*.
Lavami tutto dalla mia colpa,
dal mio peccato rendimi puro.

**Iniquità:** significa ingiustizia.

Sì, le mie iniquità io le riconosco,
il mio peccato mi sta sempre dinanzi.
Contro di te, contro te solo ho peccato,
quello che è male ai tuoi occhi, io l'ho fatto:
così sei giusto nella tua sentenza*,
sei retto nel tuo giudizio.

**Sentenza:** sinonimo di "comandamento". Chi prega esprime la convinzione che quello che Dio ci suggerisce è per il nostro bene.

Ma tu gradisci la sincerità nel mio intimo,
nel segreto del cuore mi insegni la sapienza.
Distogli lo sguardo dai miei peccati,
cancella tutte le mie colpe.

**Crea in me un cuore puro:** è Dio che cambia il nostro cuore con il suo perdono e con l'offerta della sua forza per essere nuovi.

Crea in me, o Dio, un cuore puro*,
rinnova in me uno spirito saldo.

Non scacciarmi dalla tua presenza
e non privarmi del tuo santo spirito.
Rendimi la gioia della tua salvezza,
sostienimi con uno spirito generoso.

Signore, apri le mie labbra
e la mia bocca proclami la tua lode.
Tu non gradisci il sacrificio;
se offro olocausti, tu non li accetti.
Uno spirito contrito è sacrificio a Dio;
un cuore contrito e affranto tu, o Dio, non disprezzi.

## Preghiamo in libertà

*Prova a "riscrivere" il salmo: rileggi queste righe e aggiungi a voce le tue parole.*

Pietà di me, o Dio, nel tuo amore;
nella tua grande misericordia cancella...
Distogli lo sguardo da..., cancella tutte le mie colpe.
Crea in me, o Dio, ..., rinnova in me uno spirito...

## Preghiera dei santi

Eccoci, o Signore, davanti a te: sappiamo di non ingannarci
perché crediamo fermamente che tu sei qui presente
e ti vediamo con gli occhi della fede.
Non osiamo contemplarti, ma tu guardaci
con lo sguardo pieno di misericordia
con cui hai guardato Pietro:

siamo davanti a te con le nostre opere cattive
e il nostro grande peccato.
Come potremo restare davanti a te,
come potremo toglierci le macchie
se tu non le cancelli?
Come diverremo mondi se tu non ci lavi?
Come guariremo se tu non ci curi?
O Signore, purificaci dai nostri peccati,
lavaci dalle colpe, guariscici dai nostri mali
e facci degni di ritornare
nella tua grazia. Amen.
(san Carlo Borromeo)

**Carlo Borromeo** era nipote del Papa e divenne vescovo di Milano. Rinunciò a tutti gli onori e cominciò a vivere seriamente il Vangelo, così da poterlo annunciare in tutta la sua diocesi, che visitò più volte. Diventò un esempio a cui tutti i vescovi dopo il Concilio di Trento si ispirarono. Morì nel 1584.

## Preghiamo per tutti

Perché tutti conoscano l'amore di Dio,
ricco di misericordia: **Padre nostro**
Per chi ci aiuta a riconoscere il bene e il male: **Ave Maria**
Per ringraziare il Signore del suo perdono: **Gloria**

***LA PREGHIERA DIVENTA VITA***
Ripensa alla tua giornata e alle cose successe
e prova a far diventare la tua preghiera vita.

pp. 99-104

SALMI PER RINGRAZIARE

Il salmo viene attribuito a Davide nel momento in cui viene scoperto mentre si nasconde per sfuggire a Saul che voleva ucciderlo. Egli ringrazia il Signore perché ha esaudito la sua preghiera.

# Dio, ascolta la mia preghiera

**Ingresso in preghiera**
Amo il Signore
– perché ascolta il grido della mia preghiera.

## *Salmo 53*

Dio, per il tuo nome salvami,
per la tua potenza rendimi giustizia*.
Dio, ascolta la mia preghiera,
porgi l'orecchio alle parole della mia bocca,

**Rendimi giustizia:** dichiarami innocente davanti a chi mi accusa.

poiché stranieri contro di me sono insorti
e prepotenti insidiano la mia vita;
non pongono Dio davanti ai loro occhi.
Ecco, Dio è il mio aiuto,
il Signore sostiene la mia vita.

Ricada il male sui miei nemici,
nella tua fedeltà annientali*.
Ti offrirò un sacrificio spontaneo,
loderò il tuo nome, Signore, perché è buono;
da ogni angoscia egli mi ha liberato
e il mio occhio ha guardato dall'alto i miei nemici.

**Annientali:** chi prega chiede che i suoi nemici non riescano a fargli del male.

**Risonanza**
Fermati un istante e cerca la frase del salmo che senti più tua. Rileggila e gustala.

## Preghiera dei santi

Nulla ti turbi, nulla ti spaventi.
Tutto passa, solo Dio non cambia.
La pazienza ottiene tutto.
Chi ha Dio non manca di nulla:
solo Dio basta!
(santa Teresa d'Avila)

**Teresa** era una monaca carmelitana spagnola. Era però insoddisfatta della vita che conduceva e volle riformare il proprio ordine perché fosse più evangelico. Dovette affrontare molte prove e persecuzioni, ma alla fine riuscì nel suo intento. Morì nel 1582.

## Preghiamo in libertà

Signore, ti ringrazio per...
Signore, ti chiedo perdono per...
Signore, ti prego per...

***LA PREGHIERA DIVENTA VITA***
Ripensa alla tua giornata e alle cose successe e prova a far diventare la tua preghiera vita.

pp. 99-104

13

# Affida al Signore il tuo peso

Un uomo si sente schiacciato dal giudizio e dalla calunnia di altri. Così si rivolge al Signore e chiede ali di colomba per poter essere sollevato da quelle menzogne. Il Signore può farci andare oltre ogni ostacolo, ridandoci la libertà.

**Ingresso in preghiera**
Signore, ascolta la mia preghiera:
– per la tua fedeltà rispondimi.

## Salmo 54

Porgi l'orecchio, Dio, alla mia preghiera,
non nasconderti di fronte alla mia supplica.
Dammi ascolto e rispondimi;
mi agito ansioso e sono sconvolto

dalle grida del nemico, dall'oppressione del malvagio.
Mi rovesciano addosso cattiveria
e con ira mi aggrediscono.

Dentro di me si stringe il mio cuore,
piombano su di me terrori di morte*.
Mi invadono timore e tremore
e mi ricopre lo sgomento.

**Terrori di morte:** la paura di morire.

Dico: «Chi mi darà ali come di colomba
per volare e trovare riposo?
Ecco, errando, fuggirei lontano,
abiterei nel deserto.

In fretta raggiungerei un riparo
dalla furia del vento, dalla bufera».

Io invoco Dio
e il Signore mi salva.
Di sera, al mattino, a mezzogiorno
vivo nell'ansia e sospiro,
ma egli ascolta la mia voce;

in pace riscatta la mia vita*
da quelli che mi combattono:
sono tanti i miei avversari.

**Riscatta la mia vita:** pagare il riscatto per la libertà. Il salmista immagina qui di essere tenuto schiavo da potenze malvagie.

Affida al Signore il tuo peso
ed egli ti sosterrà,
mai permetterà che il giusto vacilli.

## Preghiamo in libertà

*Prova a "riscrivere" il salmo: rileggi queste righe e aggiungi a voce le tue parole.*

Dentro di me si stringe il mio cuore,
piombano su di me...
Io invoco Dio e il Signore mi salva.
In pace... la mia vita.

## Preghiera dei santi

Ricordati, o vergine Maria,
che non si è mai udito
che alcuno,
ricorrendo al tuo patrocinio,
implorando il tuo aiuto
e la tua protezione,
sia stato da te abbandonato.
Animato da tale confidenza,
a te ricorro,
o vergine delle vergini e madre mia,
a te io vengo e davanti a te me ne sto,
povero peccatore gemente.
Non disprezzare le nostre suppliche,
ma ascoltaci, propizia,
ed esaudiscici. Amen.
(san Bernardo)

**Bernardo di Chiaravalle** è stato un monaco, abate e teologo francese, profondamente innamorato di Maria. Morto nel 1153, è venerato come santo e dottore della Chiesa.

## Preghiamo per tutti

Per tutti coloro che vivono un momento di difficoltà: **Padre nostro**
Per coloro che aiutano chi soffre: **Ave Maria**
Per i miei cari defunti: **L'eterno riposo**

***LA PREGHIERA DIVENTA VITA***
Ripensa alla tua giornata e alle cose successe
e prova a far diventare la tua preghiera vita.

pp. 99-104

14



# Ha sete di te l'anima mia

È un salmo attribuito a Davide, quando dimorava nel deserto di Giuda. Nel deserto succede facilmente di vedere la terra riarsa e screpolata e provare una sete ardente. Il credente cerca il Signore con tutte le forze come la terra arida, senz'acqua, attende la pioggia.

**Ingresso in preghiera**

Ti rendo grazie, Signore, con tutto il cuore:
– hai ascoltato le parole della mia bocca.

## Salmo 62

O Dio, tu sei il mio Dio,
dall'aurora io ti cerco,
ha sete di te l'anima mia,
desidera te la mia carne
in terra arida, assetata, senz'acqua.

Così nel santuario ti ho contemplato,
guardando la tua potenza e la tua gloria.
Poiché il tuo amore vale più della vita,
le mie labbra canteranno la tua lode.

Così ti benedirò per tutta la vita:
nel tuo nome alzerò le mie mani.
Come saziato dai cibi migliori,
con labbra gioiose ti loderà la mia bocca.

Quando nel mio letto di te mi ricordo
e penso a te nelle veglie notturne,

a te che sei stato il mio aiuto,
esulto di gioia all'ombra delle tue ali.
A te si stringe l'anima mia:
la tua destra mi sostiene.

Ma quelli che cercano di rovinarmi
sprofondino sotto terra,
siano consegnati in mano alla spada,
divengano preda di sciacalli*.

**Sciacalli:** lo sciacallo era considerato un animale funebre che si aggirava tra i cadaveri.

Il re troverà in Dio la sua gioia;
si glorierà chi giura per lui,
perché ai mentitori verrà chiusa la bocca.

**Risonanza**
Fermati un istante e cerca la frase del salmo che senti più tua. Rileggila e gustala.

## Preghiera dei santi

Tardi ti ho amato,
Signore che sei bellezza antica sempre nuova,
tardi ti ho amato.
Tu eri dentro di me, e io fuori.
E là ti cercavo.
Ingenuo, mi gettavo
sulle belle forme delle tue creature.
Tu eri con me, ma io non ero con te.
Mi hai chiamato,
e il tuo grido ha squarciato la mia sordità.

Hai mandato una scintilla,
e il tuo splendore
ha guarito la mia cecità.
Hai effuso il tuo profumo;
l'ho respirato e ora desidero te.
Ti ho gustato,
e ora ho fame e sete di te.
Mi hai toccato,
e ora brucio dal desiderio della tua pace.
(sant'Agostino)

**Agostino** fu appassionato ricercatore della Verità, si lasciò conquistare da Gesù, di cui divenne discepolo e grande conoscitore. Fu vescovo di Ippona, nel nord Africa. Morì nel 430. La Chiesa lo venera come santo e dottore della Chiesa.

## *Preghiamo in libertà*

Signore, ti ringrazio per...
Signore, ti chiedo perdono per...
Signore, ti prego per...

***LA PREGHIERA DIVENTA VITA***

Ripensa alla tua giornata e alle cose successe e prova a far diventare la tua preghiera vita.

pp. 99-104

Il salmista sa di essere ascoltato e aiutato, perché il Signore è buono e grande nell'amore. Così innalza la sua preghiera con fiducia, senza timore.

15

# Tendi l'orecchio, rispondimi

**Ingresso in preghiera**
O Dio, vieni a salvarmi;
– Signore, vieni presto in mio aiuto.

## Salmo 85

Signore, tendi l'orecchio, rispondimi,
perché io sono povero e misero.
Custodiscimi perché sono fedele;
tu, Dio mio, salva il tuo servo, che in te confida.

Pietà di me, Signore,
a te grido tutto il giorno.
Rallegra la vita del tuo servo,
perché a te, Signore, rivolgo l'anima mia.

Tu sei buono, Signore, e perdoni,
sei pieno di misericordia con chi t'invoca.
Porgi l'orecchio, Signore, alla mia preghiera
e sii attento alla voce delle mie suppliche.
Nel giorno dell'angoscia alzo a te il mio grido
perché tu mi rispondi.

**Fra gli dèi nessuno è come te:** è un grido d'amore come quando si dice al proprio ragazzo o alla propria ragazza: «Tu per me sei unico/a!».

Fra gli dèi nessuno è come te*, Signore,
e non c'è nulla come le tue opere.
Tutte le genti che hai creato verranno
e si prostreranno davanti a te, Signore,
per dare gloria al tuo nome.
Grande tu sei e compi meraviglie:
tu solo sei Dio.

**La parola di Gesù** (Mt 2,9.11)

*La stella precedeva i Magi, finché giunse e si fermò sopra il luogo dove si trovava il bambino. Entrati nella casa, videro il bambino con Maria sua madre, si prostrarono e lo adorarono. Poi aprirono i loro scrigni e gli offrirono in dono oro, incenso e mirra.*

**Per riflettere**

I Magi, venuti da lontano, riconoscono in Gesù il solo Dio, fattosi bambino per essere vicino a ogni uomo e ogni donna che grida a lui nel giorno dell'angoscia. E io so riconoscere che Gesù non è solo un buon amico, ma proprio il Figlio di Dio che mi ama intensamente?

## *Preghiamo per tutti*

Tu che sei l'unico Dio, fonte di salvezza,
**fa' che tutti gli uomini ti cerchino e ti riconoscano.**

Tu che sei buono
**perdona tutti i nostri errori e i nostri peccati.**

Tu che ascolti la preghiera fatta con fiducia,
**rinnova per noi le tue meraviglie di salvezza.**

***LA PREGHIERA DIVENTA VITA***
Ripensa alla tua giornata e alle cose successe
e prova a far diventare la tua preghiera vita.

pp. 99-104

# 16

SALMI PER LODARE

# Egli sa bene di che siamo plasmati

Il Signore sa come siamo fatti, per questo ha un cuore aperto alla misericordia e alla comprensione. Il salmista contempla questo modo di perdonare e ci permette di metterci davanti a Dio con fiducia, senza alcun timore.

**Ingresso in preghiera**

Venite, cantiamo al Signore,
– acclamiamo la roccia della nostra salvezza.

## Salmo 102

Benedici il Signore, anima mia,
quanto è in me benedica il suo santo nome.
Benedici il Signore, anima mia,
non dimenticare tutti i suoi benefici.

Egli perdona tutte le tue colpe,
guarisce tutte le tue infermità,
salva dalla fossa la tua vita,
ti circonda di bontà e misericordia,
sazia di beni la tua vecchiaia,
si rinnova come aquila* la tua giovinezza.

Il Signore compie cose giuste,
difende i diritti di tutti gli oppressi.
Ha fatto conoscere a Mosè le sue vie,
le sue opere ai figli d'Israele.

**Si rinnova come aquila:** l'aquila rinnova il piumaggio e inoltre vive a lungo. Come dire che l'anziano che prega riceve la promessa di una continua giovinezza.

Misericordioso e pietoso è il Signore,
lento all'ira e grande nell'amore.
Non è in lite per sempre,
non rimane adirato in eterno.
Non ci tratta secondo i nostri peccati
e non ci ripaga secondo le nostre colpe.

Perché quanto il cielo è alto sulla terra,
così la sua misericordia è potente su quelli
che lo temono;
quanto dista l'oriente dall'occidente,
così egli allontana da noi le nostre colpe.

Come è tenero un padre verso i figli,
così il Signore è tenero verso quelli che lo temono,
perché egli sa bene di che siamo plasmati,
ricorda che noi siamo polvere*.

**Ricorda che siamo polvere:** Dio conosce le nostre fragilità; per questo prova tenerezza come noi ne proviamo per i piccoli e i vecchi.

## Preghiamo in libertà

*Prova a "riscrivere" il salmo: rileggi queste righe e aggiungi a voce le tue parole.*

Benedici il Signore, anima mia, non dimenticare tutti i suoi...
Quanto dista..., così egli allontana da noi le nostre colpe;
perché egli sa bene di che siamo plasmati,
ricorda che noi siamo...

## Preghiera dei santi

Aiutami, o Signore, a far sì che i miei occhi siano misericordiosi,
in modo che sappia scorgere ciò che c'è di bello
nell'anima del mio prossimo e gli sia di aiuto.

Aiutami, o Signore, a far sì che il mio udito
sia misericordioso e le mie orecchie
non siano indifferenti ai dolori
e ai gemiti del mio prossimo.
Aiutami, o Signore, a far sì che la mia lingua
sia misericordiosa e abbia per ognuno
una parola di conforto e di perdono.
Aiutami, o Signore, a far sì che le mie mani
siano misericordiose e piene di buone azioni,
in modo che io sappia fare unicamente
del bene al prossimo.
Aiutami, o Signore, a far sì che i miei piedi
siano misericordiosi, in modo che io accorra
sempre in aiuto del prossimo, vincendo
la mia indolenza e la mia stanchezza.
Aiutami, o Signore, a far sì che il mio cuore sia misericordioso,
in modo che partecipi a tutte le sofferenze del prossimo.
Alberghi in me la tua Misericordia, o mio Signore...
(santa Faustina Kowalska)

**Faustina** era una giovane suora polacca che visse in estrema umiltà e morì nel 1938. Ebbe numerose visioni, che le fecero comprendere la grande misericordia di Dio Padre. Grazie a lei si è diffuso il culto della Divina Misericordia.

## Preghiamo per tutti

Per ringraziare del dono della vita e della fede: **Ti adoro mio Dio**
Perché impariamo a diventare misericordiosi: **Ave Maria**
Per chiedere perdono al Signore: **Pietà di me, Signore**

***LA PREGHIERA DIVENTA VITA***
Ripensa alla tua giornata e alle cose successe
e prova a far diventare la tua preghiera vita.

pp. 99-104

17

# Saldo è il mio cuore

Ci si sente forti se il Signore è con noi.
Per questo il salmista canta e loda.
Il Signore cammina davanti a noi e ci guida:
di chi avremo paura?

**Ingresso in preghiera**

È bello rendere grazie al Signore
– e cantare al tuo nome, o Altissimo.

## Salmo 107

Saldo è il mio cuore, o Dio,
saldo è il mio cuore.
Voglio cantare, voglio inneggiare:
svégliati, mio cuore,
svegliatevi, arpa e cetra,
voglio svegliare l'aurora.

Ti loderò fra i popoli, Signore,
a te canterò inni fra le nazioni:
grande fino ai cieli è il tuo amore
e la tua fedeltà fino alle nubi.

Innàlzati sopra il cielo, o Dio;
su tutta la terra la tua gloria!
Perché siano liberati i tuoi amici,
salvaci con la tua destra e rispondici.

Chi mi condurrà alla città fortificata,
chi potrà guidarmi fino al paese di Edom*,

**Paese di Edom:** Edom è uno dei nemici storici d'Israele. L'immagine indica che sarà Dio a ottenere la vittoria per il suo popolo.

se non tu, o Dio, che ci hai respinti
e più non esci, o Dio, con le nostre schiere?

Nell'oppressione vieni in nostro aiuto,
perché vana è la salvezza dell'uomo.
Con Dio noi faremo prodezze*,
egli calpesterà i nostri nemici.

**Faremo prodezze:** faremo cose grandi.

**Risonanza**
Fermati un istante e cerca la frase del salmo che senti più tua. Rileggila e gustala.

## Preghiera dei santi

Signore, somma bontà, mi abbandono nelle tue braccia,
nei momenti di gioia, come in quelli difficili.
Conducimi dove ti piacerà;
non guarderò la strada da seguire,
non guarderò che te, mia tenera provvidenza,
mia forza, mia baluardo,
tu che mi guidi come una madre.
Ti offro queste mie decisioni, Signore,
ti chiedo di benedirle.
Ti sarò fedele, pur nelle mie debolezze,
appoggiandomi sulla tua bontà,
sulla tua generosità, sulla tua misericordia.
Signore, che io abbia fiducia totale in te.
(santa Giovanna Francesca di Chantal)

**Giovanna** nacque in Francia. Dopo essersi sposata rimase vedova e avvertì il desiderio di seguire da vicino il Signore nella cura dei più poveri. Fondò un nuovo ordine religioso, chiamato "della Visitazione". Morì nel 1641.

## *Preghiamo in libertà*

Signore, ti ringrazio per...
Signore, ti chiedo perdono per...
Signore, ti prego per...

***LA PREGHIERA DIVENTA VITA***
Ripensa alla tua giornata e alle cose successe e prova a far diventare la tua preghiera vita.

pp. 99-104

# 18

SALMI PER LODARE

# Forte è il suo amore per noi

Salmo breve, ma intensissimo: l'amore di Dio si mostra il più forte di tutti, la sua fedeltà è eterna. Non si può che lasciare esplodere la gioia.

**Ingresso in preghiera**
Signore, apri le mie labbra
– e la mia bocca proclami la tua lode.

## Salmo 116

Genti tutte, lodate il Signore,
popoli tutti, cantate la sua lode*,

perché forte è il suo amore per noi
e la fedeltà del Signore dura per sempre.

**La sua lode:** la lode è l'espressione adeguata di chi ha sperimentato la salvezza, cioè di chi temeva di essere perduto ed è stato tratto in salvo.

**La parola di Gesù** (Mt 28,18a.19-20)
*Gesù disse agli apostoli: «Andate e fate discepoli tutti i popoli, battezzandoli nel nome del Padre e del Figlio e dello Spirito Santo, insegnando loro a osservare tutto ciò che vi ho comandato. Ed ecco, io sono con voi tutti i giorni, fino alla fine del mondo».*

**Per riflettere**
Gesù ha dedicato tre anni a quei dodici uomini con cui ha costruito un'amicizia profonda. Ora li invia nel mondo perché le genti tutte possano conoscerlo ed entrare in relazione con lui. Come è la mia relazione con Gesù? Ho desiderio di raccontarla agli altri?

## Preghiamo per tutti

Tu che sei sempre con noi
**accompagnaci in questo giorno e in tutti i nostri giorni.**

Rendici tuoi testimoni nel mondo e nella vita
**perché tutti gli uomini giungano a riconoscerti e divengano tuoi discepoli.**

Tu che offri la tua salvezza ad ogni uomo e donna di buona volontà
**assisti e sostieni tutti i missionari e gli annunciatori del tuo Vangelo.**

***LA PREGHIERA DIVENTA VITA***
Ripensa alla tua giornata e alle cose successe e prova a far diventare la tua preghiera vita.

pp. 99-104

# 19

SALMI PER CAPIRE

# Corro sulla via dei tuoi comandi

Il Signore dilata il cuore con i suoi comandamenti. Così il discepolo desidera mettere in pratica la legge del Signore, perché i consigli di Dio sono fonte di saggezza.

**Ingresso in preghiera**

Lampada per i miei passi è la tua parola,
– luce sul mio cammino.

## Salmo 118

Ho scelto la via della fedeltà,
mi sono proposto i tuoi giudizi.
Ho aderito ai tuoi insegnamenti:
Signore, che io non debba vergognarmi.

**Tuoi comandi:** è la via della vita indicata da Dio.

Corro sulla via dei tuoi comandi*,
perché hai allargato il mio cuore.
Insegnami, Signore, la via dei tuoi decreti
e la custodirò sino alla fine.

Dammi intelligenza, perché io custodisca la tua legge
e la osservi con tutto il cuore.
Guidami sul sentiero dei tuoi comandi,
perché in essi è la mia felicità.

Piega il mio cuore verso i tuoi insegnamenti
e non verso il guadagno.

Distogli i miei occhi dal guardare cose vane,
fammi vivere nella tua via.

Con il tuo servo mantieni la tua promessa,
perché di te si abbia timore.
Allontana l'insulto che mi sgomenta,
poiché i tuoi giudizi sono buoni.

Ecco, desidero i tuoi precetti:
fammi vivere nella tua giustizia.

## Preghiamo in libertà

*Prova a "riscrivere" il salmo: rileggi queste righe e aggiungi a voce le tue parole.*

Dammi..., perché io custodisca...
e l'osservi con tutto il cuore.
Guidami sul sentiero...,
perché in essi è la mia...

## Preghiera dei santi

Vivere d'amore, quaggiù, è un darsi smisurato,
senza chieder salario;
senza far conti io mi dò, sicura come sono
che quando s'ama non si fanno calcoli.
Io ho dato tutto al Cuore divino
che trabocca di tenerezza!
E corro leggermente...
Non ho più nulla, e la mia sola ricchezza
è vivere d'amore.
(santa Teresa di Gesù Bambino)

**Teresa**, entrata giovanissima in un monastero, in pochissimi anni ebbe un'esperienza formidabile di Dio. Anche se morì a soli 23 anni nel 1897, la Chiesa la riconosce dottore per la straordinaria conoscenza dell'amore di Dio che seppe raggiungere.

## Preghiamo per tutti

Per offrire al Signore le nostre azioni: **Ti adoro mio Dio**
Per chiedere la sapienza per chi ha responsabilità politiche e sociali: **Padre nostro**
Per chi ci fa conoscere il Signore Gesù: **Ave Maria**

***LA PREGHIERA DIVENTA VITA***
Ripensa alla tua giornata e alle cose successe e prova a far diventare la tua preghiera vita.

pp. 99-104

SALMI PER CAPIRE

Il desiderio di un giovane di avere una vita bella e buona diventa preghiera. Il salmista chiede a Dio di sostenerlo nella scelta di vivere secondo i suoi comandamenti, che sono fonte di pienezza di vita.

# Come potrà un giovane tenere pura la sua via?

**Ingresso in preghiera**

Ti siano gradite le parole della mia bocca,
– davanti a te i pensieri del mio cuore.

## Salmo 118

**Tenere pura la via:** stare sulla via indicata da Dio per camminare insieme, senza farsi distrarre da chi ci vuole separare da lui e dai nostri fratelli.

**I giudizi della tua bocca:** insegnamenti, consigli, avvertimenti di Dio.

Come potrà un giovane tenere pura la sua via*?
Osservando la tua parola.
Con tutto il mio cuore ti cerco:
non lasciarmi deviare dai tuoi comandi.

Ripongo nel cuore la tua promessa
per non peccare contro di te.
Benedetto sei tu, Signore:
insegnami i tuoi decreti.

Con le mie labbra ho raccontato
tutti i giudizi della tua bocca*.
Nella via dei tuoi insegnamenti è la mia gioia,
più che in tutte le ricchezze.

Voglio meditare i tuoi precetti,
considerare le tue vie.
Nei tuoi decreti è la mia delizia,
non dimenticherò la tua parola.

**La parola di Gesù** (Gv 3,16-17)

*Gesù disse a Nicodemo: «Dio ha tanto amato il mondo da dare il Figlio unigenito, perché chiunque crede in lui non vada perduto, ma abbia la vita eterna. Dio, infatti, non ha mandato il Figlio nel mondo per condannare il mondo, ma perché il mondo sia salvato per mezzo di lui».*

**Per riflettere**

Gesù ha raccontato per tutta la sua vita il giudizio che Dio ha sull'umanità: è un giudizio di amore e di perdono, di fiducia e di misericordia. Sento che Dio mi vuole bene? Riesco a guardare gli altri con gli stessi occhi con cui li guarda Dio?

## Preghiamo per tutti

Con la tua Parola ci indichi la via per una vita buona, Signore:
**fa' che la sappiamo ascoltare e mettere in pratica ogni giorno.**

Tu che ti fai trovare da quanti ti cercano,
**fa' che sappiamo trovare un posto per te nelle nostre giornate.**

Donaci il tuo Spirito, Signore:
**ci aiuti a cogliere anche oggi la parola speciale che tu rivolgi a ciascuno di noi.**

***LA PREGHIERA DIVENTA VITA***

Ripensa alla tua giornata e alle cose successe e prova a far diventare la tua preghiera vita.

pp. 99-104

SALMI PER AFFIDARSI

# Il Signore è il tuo custode

È uno dei canti delle ascensioni, cioè uno di quei salmi che vengono usati quando ci si mette in viaggio per il pellegrinaggio a Gerusalemme. Il salmista, nel partire, pensa alla città posta sul monte, meta del suo cammino, e confida che questo sia accompagnato dal Signore, che veglia sui passi di ogni uomo.

**Ingresso in preghiera**

Proteggimi, o Dio,
– in te mi rifugio.

## Salmo 120

Alzo gli occhi verso i monti:
da dove mi verrà l'aiuto?
Il mio aiuto viene dal Signore:
egli ha fatto cielo e terra.

Non lascerà vacillare il tuo piede,
non si addormenterà il tuo custode.
Non si addormenterà, non prenderà sonno
il custode d'Israele.

Il Signore è il tuo custode,
il Signore è la tua ombra*
e sta alla tua destra.
Di giorno non ti colpirà il sole,
né la luna di notte.

**La tua ombra:** la presenza di Dio ci custodisce come un albero fa ombra dal sole d'estate.

Il Signore ti custodirà da ogni male:
egli custodirà la tua vita.
Il Signore ti custodirà quando esci e quando entri,
da ora e per sempre.

## Preghiamo in libertà

*Prova a "riscrivere" il salmo: rileggi queste righe e aggiungi a voce le tue parole.*

Alzo gli occhi verso i monti: da dove mi verrà l'aiuto?

Il mio aiuto viene dal Signore: egli ha fatto...

Il Signore è il tuo..., il Signore è la tua... e sta alla tua destra.

## Preghiera dei santi

In Cristo abbiamo tutto.
Ognuno si avvicini a lui:
chi languisce nell'infermità a causa dei peccati,
chi è come inchiodato per la sua concupiscenza,
chi è imperfetto,
ma desideroso di progredire
con intensa contemplazione,
chi è già ricco di molte virtù...
Siamo tutti del Signore e Cristo è tutto per noi:
se desideri risanare le ferite, egli è medico;
se sei angustiato dall'arsura
della febbre, egli è fonte;
se ti trovi oppresso dalla colpa, egli è giustizia;
se hai bisogno di aiuto, egli è potenza;

**Ambrogio** giunse a Milano come magistrato, ma fu scelto dal popolo come vescovo. Guidò la Chiesa con i suoi scritti e con il suo coraggio evangelico. Morto nel 397, è venerato come dottore della Chiesa e santo patrono della diocesi di Milano.

se hai paura della morte, egli è vita;
se desideri il paradiso, egli è via;
se rifuggi dalle tenebre, egli è luce;
se sei in cerca di cibo, egli è nutrimento. Amen.
(sant'Ambrogio)

## Preghiamo per tutti

Affidiamo tutti gli uomini alla protezione di Dio: **Padre nostro**
Per i miei compagni di scuola e i miei insegnanti: **Ave Maria**
Per ringraziare di tutti i santi e i testimoni che sono segni dell'amore di Dio: **Gloria**

***LA PREGHIERA DIVENTA VITA***
Ripensa alla tua giornata e alle cose successe e prova a far diventare la tua preghiera vita.

pp. 99-104

# 22

SALMI PER LODARE

# Per i miei amici chiederò il bene

È uno dei canti delle ascensioni. È l'inno che segna l'arrivo alla meta di un lungo pellegrinaggio: giunto ai piedi della città santa, il pellegrino si rende conto che, di fronte alla gioia della meta raggiunta, la fatica del viaggio è come svanita; e la preghiera si apre alla lode e all'intercessione per i propri amici e fratelli.

**Ingresso in preghiera**

Benedici il Signore, anima mia;
– quanto è in me benedica il suo santo nome.

## Salmo 121

Quale gioia, quando mi dissero:
«Andremo alla casa del Signore!».
Già sono fermi i nostri piedi
alle tue porte, Gerusalemme!

**Gerusalemme:** è la città santa dove c'era il tempio, segno della presenza di Dio in mezzo al suo popolo.

Gerusalemme* è costruita
come città unita e compatta.
È là che salgono le tribù,
le tribù del Signore,
secondo la legge d'Israele,
per lodare il nome del Signore.
Là sono posti i troni del giudizio,
i troni della casa di Davide.

Chiedete pace per Gerusalemme:
vivano sicuri quelli che ti amano;

sia pace nelle tue mura,
sicurezza nei tuoi palazzi.

Per i miei fratelli e i miei amici
io dirò: «Su te sia pace!».
Per la casa del Signore nostro Dio,
chiederò per te il bene.

**La parola di Gesù** (Lc 19,41-44 passim)

*Alla vista della città pianse su Gerusalemme dicendo: «Se avessi compreso anche tu, in questo giorno, quello che porta alla pace! Ma ora è stato nascosto ai tuoi occhi. Verranno giorni in cui i tuoi nemici distruggeranno te e i tuoi figli dentro di te, perché non hai riconosciuto il tempo in cui sei stata visitata».*

**Per riflettere**

Anche Gesù, come il salmista, chiede pace per Gerusalemme e non si scoraggia neanche di fronte al rifiuto della città ad accoglierlo: lì infatti donerà la sua vita per amore di tutti. E io, di fronte a un rifiuto, che cosa faccio? Mi scoraggio o vado fino in fondo nella mia missione?

## Preghiamo per tutti

Accompagna e sostieni, Signore, quanti oggi sono in cammino:
**aiutali a raggiungere la meta desiderata.**

Tu che attendi e accogli il tuo popolo pellegrino nella Gerusalemme del cielo,
**concedi a quanti oggi sono morti di entrare con gioia nella tua casa.**

Tu che chiami ciascuno a camminare insieme a molti altri, formando così un popolo,
**fa' che la nostra comunità cristiana sia per tutti luogo di incontro con te.**

***LA PREGHIERA DIVENTA VITA***
Ripensa alla tua giornata e alle cose successe e prova a far diventare la tua preghiera vita.

pp. 99-104

# Invano si affaticano...

È un canto attribuito a Salomone, il re che ha costruito il tempio di Gerusalemme, la casa di Dio. Tutti hanno i propri progetti, ma per realizzarli c'è bisogno, oltre che di impegno, dell'aiuto di Dio e degli altri. Se non ci lasciamo aiutare dal Signore, tutto è inutile.

**Ingresso in preghiera**

Porgi l'orecchio, Signore, alle mie parole;
– sii attento alla voce della mia preghiera.

## Salmo 126

Se il Signore non costruisce la casa,
invano si affaticano i costruttori.
Se il Signore non vigila sulla città,
invano veglia la sentinella.

Invano vi alzate di buon mattino
e tardi andate a riposare,
voi che mangiate un pane di fatica:
al suo prediletto egli lo darà nel sonno.

Ecco, eredità del Signore sono i figli,
è sua ricompensa il frutto del grembo.
Come frecce in mano a un guerriero
sono i figli avuti in giovinezza.
Beato l'uomo che ne ha piena la faretra*:
non dovrà vergognarsi quando verrà alla porta
a trattare con i propri nemici.

**Faretra:** contenitore delle frecce che si portava in spalla.

**Risonanza**
Fermati un istante e cerca la frase del salmo che senti più tua. Rileggila e gustala.

## *Preghiera dei santi*

Signore, fa' di me uno strumento della tua pace:
dov'è odio che io porti l'Amore,
dov'è offesa che io porti il Perdono,
dov'è discordia, che io porti l'Unione
dov'è dubbio, che io porti la Fede
dov'è errore, che io porti la Verità
dov'è disperazione, che io porti la Speranza
dov'è tristezza, che io porti la Gioia
dove sono le tenebre, che io porti la Luce.
Oh, Maestro!
Fa' che io non cerchi tanto
di essere consolato, quanto di consolare,
di esser compreso, quanto di comprendere,
di essere amato quanto di amare
poiché così è:
dando si riceve,
perdonando si è perdonati,
morendo si risuscita alla Vita Eterna.
Amen.
(san Francesco d'Assisi)

**Francesco d'Assisi,** totalmente innamorato del Crocifisso, visse un'esistenza di povertà e preghiera che aiutò la Chiesa del suo tempo a riscoprire come vivere davvero il Vangelo. Morì nel 1226.

## Preghiamo in libertà

Signore, ti ringrazio per...
Signore, ti chiedo perdono per...
Signore, ti prego per...

***LA PREGHIERA DIVENTA VITA***

Ripensa alla tua giornata e alle cose successe e prova a far diventare la tua preghiera vita.

pp. 99-104

# 24

SALMI PER SUPPLICARE

# Dal profondo a te grido

È la preghiera di un uomo in grave difficoltà, ma che dal profondo si rivolge a Dio, alza lo sguardo e così riemerge dalla sua disperazione.

**Ingresso in preghiera**
Ascolta, o Dio, il mio grido;
– sii attento alla mia preghiera.

## Salmo 129

Dal profondo a te grido, o Signore;
Signore, ascolta la mia voce.
Siano i tuoi orecchi attenti
alla voce della mia supplica.

Se consideri le colpe, Signore,
Signore, chi ti può resistere?
Ma con te è il perdono:
così avremo il tuo timore.

Io spero, Signore.
Spera l'anima mia,
attendo la sua parola.
L'anima mia è rivolta al Signore
più che le sentinelle all'aurora.

Più che le sentinelle l'aurora,
Israele attenda il Signore,
perché con il Signore è la misericordia
e grande è con lui la redenzione*.
Egli redimerà Israele
da tutte le sue colpe.

**La redenzione:** è il perdono di Dio che permette di rialzarsi e ricominciare.

**La parola di Gesù** (Mc 1,35.38)

*Al mattino presto si alzò quando ancora era buio e, uscito, si ritirò in un luogo deserto, e là pregava. [Poi] disse ai suoi discepoli: «Andiamocene altrove, nei villaggi vicini, perché io predichi anche là; per questo infatti sono venuto!».*

**Per riflettere**

Gesù amava pregare al mattino presto, come una sentinella che scruta nella notte in attesa dell'aurora. In questi dialoghi notturni il Padre gli suggeriva le scelte da fare. E tu, a chi chiedi consiglio quando devi prendere una decisione importante? Chiedi aiuto allo Spirito Santo?

## Preghiamo per tutti

Tu che ascolti la preghiera di quanti sono nella difficoltà,
**rinnova per noi le tue meraviglie di salvezza e salvaci.**

Tu che sei buono e misericordioso,
**perdona le nostre colpe e rinnova il nostro cuore.**

Tu che sei un Dio grande e salvatore,
**fa' che quanti ti cercano con cuore sincero ti possano trovare.**

***LA PREGHIERA DIVENTA VITA***
Ripensa alla tua giornata e alle cose successe
e prova a far diventare la tua preghiera vita.

pp. 99-104

25

# Non si esalta il mio cuore

Il salmista chiede di poter restare umile, come chi non cerca cose più grandi di lui. Così si lascia guidare dalla tenerezza di Dio che ci porta in braccio, come una madre con il suo bimbo, e si affida a lui.

**Ingresso in preghiera**
L'anima nostra attende il Signore:
– egli è nostro aiuto e nostro scudo.

## Salmo 130

Signore, non si esalta il mio cuore
né i miei occhi guardano in alto;
non vado cercando cose grandi
né meraviglie più alte di me.

Io invece resto quieto e sereno:
come un bimbo svezzato* in braccio a sua madre,
come un bimbo svezzato è in me l'anima mia.

Israele attenda il Signore,
da ora e per sempre.

**Bimbo svezzato:** è il bambino che non si nutre più esclusivamente del latte materno.

**La parola di Gesù** (Lc 2,49.51)

*Gesù rispose ai suoi genitori: «Perché mi cercavate? Non sapevate che io devo occuparmi delle cose del Padre mio?». Scese dunque con loro e venne a Nàzaret e stava loro sottomesso. Sua madre custodiva tutte queste cose nel suo cuore.*

**Per riflettere**

Anche per Gesù, come per ogni bambino, il rapporto con la mamma è fondamentale. Anche se consapevole di essere Figlio di Dio egli sta sottomesso ai suoi genitori. E tu, come ti comporti con mamma e papà? Sei tranquillo e sereno o sempre brontolone e scontento?

## Preghiamo per tutti

Donaci, Signore, un cuore umile
**perché giungiamo a sperimentare la tua salvezza.**

A te ci affidiamo, Signore:
**liberaci dalle paure e aiutaci ogni giorno.**

Noi attendiamo la tua venuta, Signore:
**dona pace e serenità ai nostri giorni.**

***LA PREGHIERA DIVENTA VITA***

Ripensa alla tua giornata e alle cose successe e prova a far diventare la tua preghiera vita.

pp. 99-104

26

Era probabilmente l'inizio di una liturgia notturna nel tempio di Gerusalemme. È la preghiera della sera di un uomo che, al termine della giornata, appesantito dalla fatica, si attarda ancora un poco per un ultimo pensiero a Dio.

# Com'è bello che i fratelli vivano insieme

**Ingresso in preghiera**

Rendete grazie al Signore, perché è buono,
– perché il suo amore è per sempre.

## Salmo 132

Ecco, com'è bello e com'è dolce
che i fratelli vivano insieme!

È come olio prezioso versato sul capo*,
che scende sulla barba, la barba di Aronne,
che scende sull'orlo della sua veste.

È come la rugiada dell'Ermon*,
che scende sui monti di Sion.
Perché là il Signore manda la benedizione,
la vita per sempre.

**Olio sul capo:** è un gesto di consacrazione e cioè di appartenenza al Signore.

**Rugiada dell'Ermon:** in luoghi aridi la rugiada è una benedizione, perché è l'unica acqua che viene dal cielo.

**Risonanza**
Fermati un istante e cerca la frase del salmo che senti più tua. Rileggila e gustala.

## *Preghiera dei santi*

Un amico fedele
è un balsamo nella vita,
è la più sicura protezione.
Potrai raccogliere tesori d'ogni genere
ma nulla vale quanto un amico sincero.
Al solo vederlo, l'amico suscita nel cuore
una gioia che si diffonde in tutto l'essere.
Con lui si vive un'unione profonda
che dona all'animo gioia inesprimibile.
Il suo ricordo ridesta la nostra mente
e la libera da molte preoccupazioni.
Queste parole hanno senso
solo per chi ha un vero amico;
per chi, pur incontrandolo tutti i giorni,
non ne avrebbe mai abbastanza.
(san Giovanni Crisostomo)

**Giovanni** era il vescovo di Costantinopoli, al tempo capitale dell'Impero Romano d'Oriente. Le sue omelie erano molto apprezzate e gli valsero l'appellativo di "Crisostomo", cioè "bocca d'oro". Avendo richiamato l'imperatore alle esigenze del Vangelo, fu da questi esiliato e morì nel 407.

## Preghiamo in libertà

Signore, ti ringrazio per...
Signore, ti chiedo perdono per...
Signore, ti prego per...

**_LA PREGHIERA DIVENTA VITA_**
Ripensa alla tua giornata e alle cose successe e prova a far diventare la tua preghiera vita.

pp. 99-104

27

SALMI PER RICORDARE

# Il suo amore è per sempre

Il salmista ripercorre la storia del popolo di Israele ricordando i prodigi compiuti da Dio, e ci insegna a fare memoria dell'azione di Dio nella nostra storia.

**Ingresso in preghiera**

O Dio, vieni a salvarmi;
– Signore, vieni presto in mio aiuto.

## Salmo 135

**Il suo amore:** è l'amore misericordioso di Dio, che ama l'uomo nonostante le sue miserie.

**Dio degli dèi:** è un modo per dire che è l'unico.

Rendete grazie al Signore perché è buono,
perché il suo amore* è per sempre.
Rendete grazie al Dio degli dèi*,
perché il suo amore è per sempre.
Rendete grazie al Signore dei signori,
perché il suo amore è per sempre.

Lui solo ha compiuto grandi meraviglie,
perché il suo amore è per sempre.
Ha creato i cieli con sapienza,
perché il suo amore è per sempre.
Ha disteso la terra sulle acque,
perché il suo amore è per sempre.
Ha fatto le grandi luci,
perché il suo amore è per sempre.
La luna e le stelle, per governare la notte,
perché il suo amore è per sempre.

Dall'Egitto fece uscire Israele,
perché il suo amore è per sempre.
Divise il Mar Rosso in due parti,
perché il suo amore è per sempre.
In mezzo fece passare Israele,
perché il suo amore è per sempre.
Guidò il suo popolo nel deserto,
perché il suo amore è per sempre.

Nella nostra umiliazione si è ricordato di noi,
perché il suo amore è per sempre.
Ci ha liberati dai nostri avversari,
perché il suo amore è per sempre.

Egli dà il cibo a ogni vivente,
perché il suo amore è per sempre.
Rendete grazie al Dio del cielo,
perché il suo amore è per sempre.

## Preghiamo in libertà

*Prova a "riscrivere" il salmo: rileggi queste righe e aggiungi a voce le tue parole.*

Dio solo ha compiuto grandi meraviglie, ha...
perché il suo amore è per sempre.
... perché il suo amore è per sempre.

## Preghiera dei santi

Dio dei nostri Padri,
grande e misericordioso,
Signore della pace e della vita,
Padre di tutti.

Tu hai progetti di pace e non di afflizione,
condanni le guerre
e abbatti l'orgoglio dei violenti.
Ascolta il grido unanime dei tuoi figli,
supplica accorata di tutta l'umanità:
mai più la guerra, avventura senza ritorno,
mai più la guerra, spirale di lutti e di violenza.
In comunione con Maria, la Madre di Gesù,
ancora ti supplichiamo:
parla ai cuori dei responsabili
delle sorti dei popoli,
ferma la logica della ritorsione e della vendetta,
suggerisci con il tuo Spirito soluzioni nuove,
gesti generosi e onorevoli, spazi di dialogo
e di paziente attesa
più fecondi delle affrettate scadenze della guerra.
Concedi al nostro tempo giorni di pace.
Mai più la guerra. Amen.
(san Giovanni Paolo II)

Karol Wojtyla, prima di essere eletto Papa col nome di **Giovanni Paolo II**, fu vescovo a Cracovia, in Polonia. Per 22 anni ha guidato la Chiesa, viaggiando in tutto il mondo per annunciare il Vangelo. Morto nel 2005, è riconosciuto come santo.

## Preghiamo per tutti

Per tutti i papà, le mamme e i nonni: **Padre nostro**
Per tutti i bambini, i ragazzi e i giovani: **Ave Maria**
Per gli adulti, gli anziani e gli ammalati: **Angelo di Dio**

***LA PREGHIERA DIVENTA VITA***
Ripensa alla tua giornata e alle cose successe
e prova a far diventare la tua preghiera vita.

pp. 99-104

# 28

# Tu mi scruti e mi conosci

Il Signore ci conosce bene, meglio di quanto noi conosciamo noi stessi. Per questo è lui che, avendoci fatti come un prodigio, può guidare i nostri passi.

**Ingresso in preghiera**
Ti rendo grazie, Signore:
– hai fatto di me una meraviglia stupenda.

## Salmo 138

Signore, tu mi scruti* e mi conosci,
tu conosci quando mi siedo e quando mi alzo,
intendi da lontano i miei pensieri,
osservi il mio cammino e il mio riposo,
ti sono note tutte le mie vie.

La mia parola non è ancora sulla lingua
ed ecco, Signore, già la conosci tutta.
Alle spalle e di fronte mi circondi
e poni su di me la tua mano.
Meravigliosa per me la tua conoscenza,
troppo alta, per me inaccessibile.

Sei tu che hai formato i miei reni*
e mi hai tessuto nel grembo di mia madre.
Io ti rendo grazie:
hai fatto di me una meraviglia stupenda;

**Tu mi scruti:** non si tratta di uno sguardo che vuole spiare, bensì di uno sguardo attento e amorevole.

**Formato i miei reni:** per la Bibbia i reni sono la parte più segreta dell'uomo, la sede della coscienza e della vita affettiva. Oggi equivale al nostro cuore.

meravigliose sono le tue opere,
le riconosce pienamente l'anima mia.

Non ti erano nascoste le mie ossa
quando venivo formato nel segreto,
ricamato nelle profondità della terra.
Ancora informe mi hanno visto i tuoi occhi;
erano tutti scritti nel tuo libro i giorni
che furono fissati
quando ancora non ne esisteva uno.

Quanto profondi per me i tuoi pensieri,
quanto grande il loro numero, o Dio!
Se volessi contarli, sono più della sabbia.
Mi risveglio e sono ancora con te.

Scrutami, o Dio, e conosci il mio cuore,
provami e conosci i miei pensieri;
vedi se percorro una via di dolore
e guidami per una via di eternità.

## Preghiamo in libertà

*Prova a "riscrivere" il salmo: rileggi queste righe e aggiungi a voce le tue parole.*

Signore, tu mi scruti e mi conosci, tu conosci quando...
Sei tu che mi hai tessuto nel grembo di mia madre.
Io ti rendo grazie: hai fatto di me...;
meravigliose sono le tue opere.
Quanto... per me i tuoi pensieri,
quanto grande il loro numero, o Dio!
Se volessi contarli, sono più...

## Preghiera dei santi

O Gesù che tanto mi ami,
ascoltami, te ne prego.
Che la tua volontà sia il mio desiderio,
la mia passione, il mio amore.
Fa' che io ami quanto è tuo;
ma soprattutto che io ami te solo.
Dammi un cuore così pieno d'amore per te,
che nulla possa distrarmi da te.
Dammi un cuore fedele e forte,
che mai tremi, né si abbassi.
Un cuore retto che non conosca
le vie tortuose del male.
Un cuore coraggioso, sempre pronto a lottare.
Un cuore generoso, che non indietreggia
alla vista degli ostacoli.
Un cuore umile e dolce come il tuo,
Signore Gesù.
(san Tommaso d'Aquino)

**Tommaso** fu un frate domenicano che dedicò tutta la sua vita a indagare il mistero di Dio, diventando sicuro riferimento per il pensiero teologico fino ai giorni nostri. Morì nel 1274.

## Preghiamo per tutti

Per coloro che non credono in Dio o sono nel dubbio della fede:
**Padre nostro**
Per chi per noi è esempio di vita cristiana: **Ave Maria**
Per chiedere perdono: **Pietà di me, Signore**

***LA PREGHIERA DIVENTA VITA***
Ripensa alla tua giornata e alle cose successe
e prova a far diventare la tua preghiera vita.

pp. 99-104

29

SALMI PER SUPPLICARE

# Abbassa il tuo cielo e discendi

Il salmista riconosce l'azione di Dio in difesa del suo popolo. Dio è suo alleato e gli insegna a combattere il male.

**Ingresso in preghiera**
Dio, ascolta la mia preghiera:
– porgi l'orecchio alle parole della mia bocca.

## Salmo 143

Benedetto il Signore, mia roccia,
che addestra le mie mani alla guerra*,
le mie dita alla battaglia,
mio alleato e mia fortezza,
mio rifugio e mio liberatore,
mio scudo in cui confido,
colui che sottomette i popoli al mio giogo.

Signore, che cos'è l'uomo perché tu l'abbia a cuore?
Il figlio dell'uomo, perché te ne dia pensiero?
L'uomo è come un soffio,
i suoi giorni come ombra che passa.

Signore, abbassa il tuo cielo e discendi,
tocca i monti ed essi fumeranno.
Stendi dall'alto la tua mano,
scampami e liberami dalle grandi acque*,
dalla mano degli stranieri.

**Addestra le mie mani alla guerra:** Dio ci istruisce su come vivere la nostra fede quando è come una lotta (il bene contro il male, la giustizia contro l'ingiustizia...). Per questo spesso nei salmi compare la figura del "nemico", che non va inteso in senso militare.

**Grandi acque:** il mare in tempesta che per la Bibbia rappresenta la morte.

O Dio, ti canterò un canto nuovo,
inneggerò a te con l'arpa a dieci corde,
a te, che dai vittoria ai re,
che scampi Davide, tuo servo, dalla spada iniqua.

I nostri granai siano pieni,
traboccanti di frutti d'ogni specie.
Siano a migliaia le nostre greggi,
a miriadi nelle nostre campagne;
siano carichi i nostri buoi.

**Breccia:** apertura nelle mura fortificate creata per permettere il passaggio agli assalitori.

Nessuna breccia*, nessuna fuga,
nessun gemito nelle nostre piazze.
Beato il popolo che possiede questi beni:
beato il popolo che ha il Signore come Dio.

**Risonanza**
Fermati un istante e cerca la frase del salmo che senti più tua. Rileggila e gustala.

## Preghiera dei santi

Signore, quando ho fame, dammi qualcuno che ha bisogno di cibo;
quando ho un dispiacere, offrimi qualcuno da consolare;
quando la mia croce diventa pesante, fammi condividere la croce di un altro;
quando non ho tempo, dammi qualcuno che io possa aiutare per qualche momento;
quando sono umiliato, fa' che io abbia qualcuno da lodare;
quando sono scoraggiato, mandami qualcuno da incoraggiare;

quando ho bisogno della comprensione degli altri,
dammi qualcuno che ha bisogno della mia;
quando ho bisogno che ci si occupi di me,
mandami qualcuno di cui occuparmi;
quando penso solo a me stesso,
attira la mia attenzione su un'altra persona.
Rendici degni, Signore, di servire i nostri fratelli
che in tutto il mondo vivono
e muoiono poveri e affamati.
Da' loro oggi, usando le nostre mani,
il loro pane quotidiano,
e da' loro, per mezzo del nostro amore
comprensivo, pace e gioia. Amen.
(santa Teresa di Calcutta)

**Madre Teresa di Calcutta** trascorse tutta la sua vita in India servendo i più poveri. Ha fondato una famiglia religiosa, le Missionarie della Carità, ed è morta nel 1997. La Chiesa la venera come santa.

## Preghiamo in libertà

Signore, ti ringrazio per...
Signore, ti chiedo perdono per...
Signore, ti prego per...

***LA PREGHIERA DIVENTA VITA***
Ripensa alla tua giornata e alle cose successe
e prova a far diventare la tua preghiera vita.

pp. 99-104

SALMI PER LODARE

La lode coinvolge tutto il creato: ogni cosa canta e grida di gioia. È il canto per tutti coloro che Dio ama immensamente. Anche per noi.

# Lodino il nome del Signore

**Ingresso in preghiera**
È bello rendere grazie al Signore
– e cantare al tuo nome, o Altissimo.

## *Salmo 148*

Lodate il Signore dai cieli,
lodatelo nell'alto dei cieli.
Lodatelo, voi tutti, suoi angeli*,
lodatelo, voi tutte, sue schiere.

Lodatelo, sole e luna,
lodatelo, voi tutte, fulgide stelle.
Lodatelo, cieli dei cieli,
voi, acque al di sopra dei cieli.

Lodino il nome del Signore,
perché al suo comando sono stati creati.
Li ha resi stabili nei secoli per sempre;
ha fissato un decreto* che non passerà.

Lodate il Signore dalla terra,
mostri marini e voi tutti, abissi,
fuoco e grandine, neve e nebbia,
vento di bufera che esegue la sua parola,

**Schiere degli angeli:** sono i servitori di Dio; la loro moltitudine era immaginata come un esercito.

**Un decreto:** una legge della natura, stabile, che non cambia e che impedisce al creato di tornare nel caos.

monti e voi tutte, colline,
alberi da frutto e voi tutti, cedri,
voi, bestie e animali domestici,
rettili e uccelli alati.

I re della terra e i popoli tutti,
i governanti e i giudici della terra,
i giovani e le ragazze,
i vecchi insieme ai bambini,
lodino il nome del Signore,
perché solo il suo nome è sublime:
la sua maestà sovrasta la terra e i cieli.

Ha accresciuto la potenza del suo popolo.
Egli è la lode per tutti i suoi fedeli,
per i figli d'Israele, popolo a lui vicino.

**La parola di Gesù** (Lc 10,21)

*Gesù esultò di gioia nello Spirito Santo e disse: «Ti rendo lode, o Padre, Signore del cielo e della terra, perché hai nascosto queste cose ai sapienti e ai dotti e le hai rivelate ai piccoli. Sì, o Padre, perché così hai deciso nella tua benevolenza».*

**Per riflettere**

Anche Gesù, come il salmista, loda Dio, suo Padre. Ma ciò che fa esultare di gioia Gesù è l'accorgersi della tenerezza di Dio che si fa vicino ai più piccoli. E io, per che cosa ringrazio il Signore ogni giorno?

## Preghiamo per tutti

Padre e Creatore del mondo
**noi ti lodiamo perché la tua grandezza si riflette in tutte le tue creature.**

Padre e Creatore del mondo
**noi ti lodiamo perché tu ci hai resi quello che siamo.**

Padre e Creatore del mondo
**noi ti lodiamo perché tu sei vicino al tuo popolo e hai cura di tutti.**

***LA PREGHIERA DIVENTA VITA***
Ripensa alla tua giornata e alle cose successe
e prova a far diventare la tua preghiera vita.

pp. 99-104

# 31

SALMI PER LODARE

# La sua lode nell'assemblea dei fedeli

La preghiera diventa preghiera comune in assemblea, all'interno della comunità. La gioia diventa musica e danza per Dio che ci difende dai nemici e sta dalla nostra parte.

**Ingresso in preghiera**
Venite, cantiamo al Signore;
– acclamiamo alla roccia della nostra salvezza.

## Salmo 149

Cantate al Signore un canto nuovo;
la sua lode nell'assemblea dei fedeli.
Gioisca Israele nel suo creatore,
esultino nel loro re i figli di Sion.

Lodino il suo nome con danze,
con tamburelli e cetre gli cantino inni.
Il Signore ama il suo popolo,
incorona i poveri di vittoria.

Esultino i fedeli nella gloria,
facciano festa sui loro giacigli*.
Le lodi di Dio sulla loro bocca
e la spada a due tagli* nelle loro mani,
per compiere la vendetta fra le nazioni
e punire i popoli,

**Giacigli:** lettucci poveri.

**La spada a due tagli:** è la Parola di Dio che è sempre efficace e si manifesta nel racconto della salvezza che Dio ha operato.

**Ceppi di ferro:** grossi pezzi di ferro a cui venivano legati i piedi dei prigionieri.

per stringere in catene i loro sovrani,
i loro nobili in ceppi di ferro*,
per eseguire su di loro la sentenza già scritta.
Questo è un onore per tutti i suoi fedeli.

**Risonanza**
Fermati un istante e cerca la frase del salmo che senti più tua. Rileggila e gustala.

## Preghiera dei santi

Dammi, o Signore, una buona digestione
ed anche qualcosa da digerire.
Dammi la salute del corpo,
col buonumore necessario per mantenerla.
Dammi, o Signore, un'anima santa,
che faccia tesoro di quello che è buono e puro,
affinché non si spaventi del peccato,
ma trovi alla tua presenza
la via per rimettere di nuovo le cose a posto.
Dammi un'anima che non conosca la noia,
i brontolamenti, i sospiri e i lamenti,
e non permettere che io mi crucci
eccessivamente per quella cosa troppo
invadente che si chiama "io".
Dammi, o Signore, il senso dell'umorismo,
concedimi la grazia di comprendere uno scherzo,
affinché conosca nella vita un po' di gioia
e possa farne parte anche ad altri. Amen.
(san Tommaso Moro)

**Tommaso Moro,** scrittore e politico inglese, nel 1535 pagò con il martirio il suo rifiuto di aderire alla riforma anglicana, voluta da re Enrico VIII. Per la sua fedeltà alla comunione con la Chiesa di Roma, è venerato dalla Chiesa universale come santo e martire della fede.

## Preghiamo in libertà

Signore, ti ringrazio per...
Signore, ti chiedo perdono per...
Signore, ti prego per...

***LA PREGHIERA DIVENTA VITA***
Ripensa alla tua giornata e alle cose successe
e prova a far diventare la tua preghiera vita.

pp. 99-104

## LA PREGHIERA DIVENTA VITA

Come sta andando la tua giornata? Cerca nell'elenco qui di seguito la situazione che stai vivendo e compi l'azione che ti viene suggerita, per tradurre la preghiera in vita!

### 1. Oggi ho criticato tutti

Prova a domandarti cosa ti ha spinto a essere così insofferente verso alcune persone e chiedi al Signore di aiutarti a essere più paziente con gli altri.

### 2. Oggi ho litigato con i miei genitori

Chiedi loro scusa e poi prova a pensare a cosa potresti fare per aiutarli in casa.

### 3. Oggi ho litigato con qualcuno

Prima di andare a dormire chiedi scusa per rinnovare l'amicizia o l'affetto che provi per le persone con cui hai bisticciato.

### 4. Oggi mi sembra di non riuscire a sopportare alcune persone

Fermati a riflettere: c'è qualcosa di positivo in lui o in lei? Pensaci bene: chi cerca trova!

### 5. Oggi non mi stacco più dal cellulare

Prova ad alzare gli occhi dal telefono, sforzati di prestare attenzione al mondo intorno a te e considera che ci sono altre cose che potresti fare.

### 6. Oggi sono stato troppo sul divano

È tempo di alzarsi e di fare qualcosa. Per vincere la pigrizia riordina la tua camera e la tua scrivania. In un ambiente ordinato e pulito viene voglia di fare molte cose!

### 7. Oggi ho un po' di tempo libero

Perché non chiamare o andare a trovare qualcuno? Scoprirai che stare con gli altri rende felici ed è tempo ben speso.

### 8. Oggi ho voglia d'incontrare i miei amici

Incontrali per davvero e non in modo superficiale o virtuale: prova a raccontare una cosa bella che hai visto o che hai fatto. Si può imparare a condividere qualcosa di più personale, andando più in profondità nell'amicizia.

### 9. Oggi ho preso un brutto voto

Fermati a riflettere: hai fatto tutto quello che avresti potuto? Prendi in mano il libro della materia in cui hai preso un brutto voto e chiediti: c'è qualcosa che posso fare per migliorare?

### 10. Oggi ho preso un bel voto

Hai visto che sai fare grandi cose? Parla con il Signore e ringrazialo per la giornata di oggi.

### 11. Oggi mi sento in forma

Racconta alla tua famiglia qualcosa che hai fatto o vissuto. Non tenere per te la tua gioia e coinvolgi anche chi ti vuole bene.

## 12. Oggi tutto va storto

Chiedi aiuto al Signore con la preghiera e confidati con i tuoi genitori. Condividere i momenti difficili può renderli più sopportabili.

## 13. Oggi sono stato al gruppo preadolescenti

Rifletti su qualcosa che hai vissuto durante il momento di catechesi: che cosa ti ha colpito di più? Che cosa hai avvertito come importante per te? Non dimenticarlo e ringrazia il Signore di queste scoperte di vita.

## 14. Oggi sono contento

Comunica la tua gioia agli altri e cerca di capire cosa potresti fare di buono per loro.

## 15. Oggi ho ricevuto un complimento

Hai visto che bello quando ci dicono che siamo bravi? Fai anche tu lo stesso: fai complimenti a chi incontri e hai vicino.

## 16. Oggi ho scoperto di essere bravo

Non pensare di essere bravo solo tu. Cerca di non escludere nessuno perché ti senti migliore: sii bravo, ma sempre insieme agli altri.

## 17. Oggi mi sembra di non valere niente

Sei proprio sicuro di non valere nulla? Pensa a Gesù che ha dato la vita per te. Prova a guardarti con i suoi occhi che in te vedono un amico per cui essere disposti a morire.

## 18. Oggi dovrei chiedere scusa

Prova a pensare a chi hai offeso o trattato male. Come ti saresti comportato tu al suo posto? Chiedi scusa e pensa a cosa potresti fare per sottolineare che ti dispiace.

## 19. Oggi mi sono sentito trattato male

Prova a capire se è davvero così e se hai fatto qualcosa per suscitare questo comportamento. Confrontati con la persona che ritieni ti abbia ferito.

## 20. Oggi mi sento preso di mira

Prova a capire se quello che succede è una tua impressione o se è davvero così. Confrontati con un adulto che conosce te e la situazione.

## 21. Oggi ho esagerato prendendo in giro qualcuno

Rifletti un momento: se fossi tu al posto della persona che hai preso in giro, come ti sentiresti?

## 22. Oggi sono preoccupato per qualcuno

Essere preoccupato per qualcuno significa che il tuo cuore è capace di far posto alle persone e questo è da ragazzi grandi. Fermati un momento, senti tutto il bene che vuoi alla persona per cui sei preoccupato e prega il Signore chiedendogli di aiutarla.

## 23. Oggi sono innamorato

Ascolta il tuo cuore e ascolta il tuo corpo: stai crescendo, sii felice delle emozioni che provi.

### 24. Oggi non mi piaccio proprio fisicamente

Ringrazia il Signore perché ha fatto la bellezza: se ti guardi bene allo specchio la trovi anche lì.

### 25. Oggi qualcuno mi ha deluso molto

Prova a dirgli le parole che vorresti sentire tu.

### 26. Oggi ho deluso qualche amico

Prova a chiederti in che cosa hai sbagliato e domanda scusa facendo capire all'altro che è importante per te.

### 27. Oggi alla tv ho ascoltato una notizia triste

Sei in gamba perché provi compassione. Fai un momento di silenzio e prega così: «Ti prego, Signore, per le persone che stanno soffrendo; prenditi cura di loro e aiutami a capire come anch'io possa essere d'aiuto agli altri».

### 28. Oggi un adulto mi ha deluso

Guardati intorno, cerca un altro adulto importante per te e parlagli della tua delusione.

### 29. Oggi alla tv ho ascoltato una notizia che mi ha indignato

Sei in gamba perché sai riconoscere le situazioni sbagliate. Fai un momento di silenzio e prega così: «Ti prego, Signore, aiutami a diventare una persona onesta e attenta al bene comune».

### 30. Oggi mi sto distraendo troppo

Alzati ed esci a fare un giro: prova ad ascoltare la tua testa e il tuo cuore per mezz'ora, vedrai che poi faticherai meno a concentrarti.

### 31. Oggi mi sento troppo agitato

Fermati un momento e prova ad ascoltare e capire le tue emozioni. Cerca di distrarti facendo una cosa piccola, ma utile per gli altri (ad esempio vai a trovare o chiama la nonna, riordina la camera, telefona a un amico che spesso è solo...).

# Preghiere

**Padre nostro** che sei nei cieli,
sia santificato il tuo nome,
venga il tuo regno,
sia fatta la tua volontà
come in cielo così in terra.
Dacci oggi il nostro pane quotidiano,
e rimetti a noi i nostri debiti
come noi li rimettiamo ai nostri debitori,
e non ci indurre in tentazione,
ma liberaci dal male.
Amen.

**Ave, o Maria,** piena di grazia,
il Signore è con te.
Tu sei benedetta fra le donne
e benedetto è il frutto del tuo seno, Gesù.
Santa Maria, Madre di Dio,
prega per noi peccatori,
adesso e nell'ora della nostra morte.
Amen.

**Gloria** al Padre
e al Figlio
e allo Spirito Santo.
Come era nel principio,
ora e sempre,
nei secoli dei secoli.
Amen.

**L'eterno riposo** dona loro, o Signore,
e splenda ad essi la luce perpetua.
Riposino in pace.
Amen.

**Ti adoro o mio Dio,**
Ti amo con tutto il cuore.
Ti ringrazio di avermi creato, fatto
cristiano e conservato in questa notte.
Ti offro le azioni della giornata: fa
che siano secondo la tua santa
volontà e per la tua maggior gloria.
Preservami dal peccato e da ogni male.
La tua Grazia sia sempre con me e
con tutti i miei cari.
Amen.

**Pietà di me, o Signore,**
secondo la tua misericordia;
non guardare ai miei peccati
e cancella tutte le mie colpe;
crea in me un cuore puro
e rinnova in me
uno spirito di fortezza e di santità.

**Angelo di Dio,** che sei il mio custode,
illumina, custodiscimi reggi governa me,
che ti fui affidato dalla pietà celeste.
Amen.

# Per far diventare questo libretto di preghiere
# il tuo libretto della preghiera

Sarebbe bello che questo libretto di preghiere diventasse ogni giorno di più il libretto della preghiera di voi ragazzi. Per questo suggeriamo un'attività che vi aiuti a **personalizzarlo** e quindi a sentirlo vostro.

L'idea è quella di elaborare una **copertina** che possa divenire spazio di espressione e insieme dare al libretto una sua "ricchezza", data dal tempo e dalle energie che si sono spese per esso, come ci ricorda il libro del *Piccolo principe*: «È il tempo che tu dedichi alla tua rosa che la fa essere importante».

L'ideale è avere a disposizione del **materiale adatto** e magari un po' "prezioso": innanzitutto qualcosa per ricoprire il libro (può essere semplicemente carta – con una fantasia ricercata – oppure tessuto o gomma crepla o tessuto pannolenci...). Poi può essere utile procurarsi dei materiali da applicare con la colla a caldo alla copertina (stelline/fiorellini/cuoricini in legno, piccole tessere di mosaico, nastri colorati, spago... e chi più ne ha più ne metta). Se volete, potete anche scrivere qualcosa.

Ecco, come esempio, la realizzazione di alcuni libretti da parte di alcuni ragazzi delle medie:

E ora... largo alla fantasia!

*In queste pagine puoi annotare pensieri, preghiere, idee... o incollare foto e ritagli, per rendere il libretto sempre più tuo.*

# INDICE



---

Finito di stampare nel mese di dicembre 2018
presso Industrie Grafiche Geca – San Giuliano Milanese (MI)